青春期女孩的私房书（插图版）

杨颖　编著

成都地图出版社

图书在版编目(CIP)数据

青春期女孩的私房书：插图版 / 杨颖编著. — 成都：成都地图出版社有限公司，2020.10(2024.6重印)
ISBN 978-7-5557-1594-8

Ⅰ. ①青… Ⅱ. ①杨… Ⅲ. ①女性－青春期－健康教育 Ⅳ. ①G479

中国版本图书馆CIP数据核字(2020)第194297号

青春期女孩的私房书(插图版)
QINGCHUNQI NÜHAI DE SIFANG SHU(CHATU BAN)

编　　著：杨　颖
责任编辑：王　颖
封面设计：松　雪
出版发行：成都地图出版社有限公司
地　　址：成都市龙泉驿区建设路2号
邮政编码：610100
电　　话：028-84884648　028-84884826(营销部)
传　　真：028-84884820
印　　刷：三河市泰丰印刷装订有限公司
开　　本：880mm×1270mm　1/32
印　　张：5
字　　数：136千字
版　　次：2020年10月第1版
印　　次：2024年6月第5次印刷
定　　价：36.00元
书　　号：ISBN 978-7-5557-1594-8

版权所有，翻版必究
如发现印装质量问题，请与承印厂联系退换

前 言

青春期是“花季”，青春期的一切都是朝气蓬勃的；青春期也是“雨季”，一不留神，就会犯下一些无法挽回的错误。青春期是个体由儿童发育成为成年人的过渡时期。 这个时期的女孩在生理上逐渐发育成熟，有了与儿童明显不同的社会心理特征，但是又不同于真正的成年人——她们虽然有一些独立性，但还没有完全独立。 这种介于儿童和成年人之间的状态，使青春期女孩成为社会学上所说的“边缘人”。

很多母亲都有这样的体会：女儿进入青春期后，突然变得陌生起来，开始在意脸上的小痘痘，开始向往精致的高跟鞋，开始悄悄试用妈妈的化妆品，开始和心仪的男孩子“谈恋爱”，开始跟父母强调“自由”，不愿意把所有的小秘密都告诉妈妈，不再把老师的话当成“圣旨”，不再坚定地认为学习是自己唯一该做的事，甚至专挑那些被家长及老师禁止和反对的事来做……似乎只有这样，才能证明她们的存在与成长。

如何能够让女孩健康、快乐地度过这一时期，已成为每位青春期女孩家长及整个社会关注的问题。 青春期教育已经不仅仅是一个教育问题，也是一个不可逃避、亟待解决的社会问题。

《青春期女孩的私房书（插图版）》是一本写给青春期女孩的百科全书，书中内容从生理变化到成长烦恼，从自我防卫到心理剖析，从学业指点到修养提升，从形象改善到礼仪交往，几乎无所不包、面面俱到。女孩阅读它，可以更清晰地了解青春期的秘密。同时，它也是父母的“育女心经”，父母阅读后，可以知道怎样帮助青春期女孩应对一些生理及心理的困惑，帮女儿梳理心事，树立自尊、自爱、自立、自强的人生观。

2020 年 7 月

目　录

CONTENTS

PART 1　女孩长大后，都是这样的吗

突然变得忧郁 / 002

不想长大 / 004

自恋情结 / 006

爱照镜子 / 009

一说话脸就红 / 011

喜欢被关注的感觉 / 013

渴望父母的理解 / 015

离家出走 / 017

PART 2　战胜心理障碍，做快乐的女孩

逆反心理 / 020

嫉妒心理 / 022

孤僻心理 / 024

猜疑心理 / 026

青春期强迫症 / 029
青春期焦虑症 / 031

PART 3　控制情绪，女孩要有自控力
有了心事这样说出口 / 034
寻找适当的发泄方法 / 036
不要大喜大悲 / 038
接受自己的不完美 / 040
用平和的心态成就美丽 / 042
父母偷看日记 / 044
老师侵犯了我的隐私 / 047

PART 4　朦胧的感觉，不能懵懂地应对
能和男孩交往吗 / 050
不敢抬起头看男生 / 052
收到了情书 / 054
理智地对待早恋 / 056

把“喜欢”沉淀在心底 / 058
不伤感情地拒绝对方 / 060

PART 5 修炼内在，有气质的女孩最美丽
什么是真正的酷 / 064
我有我的气质 / 066
形象得体很重要 / 069
仪态显现内在气质 / 071
拥有属于自己的魅力 / 073

PART 6 塑造好心态，做阳光美少女
天生我材必有用 / 076
走出忧虑的人生 / 078
让自己成为“乐天派” / 081
有一颗宽容之心 / 083
别让虚荣迷失了纯真的本性 / 085
懂得放下，才有新的开始 / 087

PART 7　培养品质，好女孩有颗钻石般的心
从感谢父母做起 / 090
做品行宽厚的女孩 / 093
学会谦让、礼让和忍让 / 095
试着独立 / 097
不再让坏习惯如影随形 / 100
爱“面子”，但不爱虚荣 / 103
让劳动成为一种习惯 / 106

PART 8　提升内涵，内秀的女孩最有魅力
读书带来快乐 / 110
妈妈列的读书单 / 112
书法里的玄机 / 114
手绘，创意新生活 / 117
创办一份“家庭画报” / 119
以乐会友，享受一种乐器 / 121

PART 9 美丽处方，所有的女孩都爱美
何为时尚 / 124
不要成为时尚的奴隶 / 126
这样穿最合适 / 128
要有自己的风格 / 130
找到属于自己的时尚 / 132

PART 10 自我保护，没有人能伤害你
正确应对陌生人的搭话 / 136
网络爱情，拜拜 / 138
不随意去别人家 / 140
擦亮眼睛防诡计 / 142
好像有人跟踪我 / 144
看管好自己的东西 / 146
做自己的守护神 / 148

PART 1

女孩长大后，都是这样的吗

突然变得忧郁

涵涵这几天就像霜打的茄子一样，不如以前那么活泼开朗了。一向开朗的涵涵怎么会突然这样呢？会不会是出了什么问题呢？涵涵的变化引起了蕾蕾的关注。

“涵涵，我看你最近情绪不是很好，不会出什么事情了吧？”蕾蕾关切地问道。

涵涵听到蕾蕾问，便实话实说了：“其实我一直都觉得挺好的，没有发生什么事情。只是最近在听音乐的时候，有一种很沉重的感觉，可能是因为这个吧。”

听涵涵这么一说，蕾蕾不由得松了口气。音乐的确能够影响人的情绪，看来涵涵的忧郁是受此影响。

“涵涵，你也可以试着听听乡村音乐，节奏比较欢快。”蕾蕾说出了建议。

青春寄语

下面推荐几种走出忧郁的方法：

（1）经常问自己：会发生的最坏的情况是什么呢？ 女孩必须学着接受会发生的最坏的情况，然后尽力去改变它。

（2）反复重复自己的名字，反复为自己打气说："没什么大不了的！"这是一种十分积极的暗示方法。

（3）一定要广结良友，结识新朋友。

（4）多做些自己感兴趣的事，例如散步、听听音乐等。帮助他人做一些有意义的事情，女孩便会找到自身的价值。

处于青春期的女孩就像花骨朵一样，这个时候要享受阳光的照耀。 一定要尝试着走出自己的密闭圈，这样才会收获快乐和美丽。

不想长大

“呵呵，楠楠长大了。”当楠楠站在自家穿衣镜前，妈妈看着她身上那些显得很小的衣服，非常高兴地说。

妈妈为什么会那么高兴呢？楠楠很纳闷，自己可高兴不起来，甚至有些沮丧。自己以前那样小小的不是很好吗？要是能永远保持那样多好啊，为什么要长大呢？

小了的衣服被妈妈顺手放在了桌子上。说心里话，楠楠真的不想长大！瞧，那件衣服的后面有凯蒂猫，多可爱啊。楠楠总是会想起自己第一次穿着这件衣服到学校时大家的表情，班里的女生纷纷围过来看她的衣服，楠楠从她们的眼睛里分明看到了羡慕，于是就格外喜欢这件衣服。谁知道，如今自己却穿不上它了。衣服上的凯蒂猫仿佛对她说：“你看我是不会变大的哦，我以后不能再陪你了。”

“我不想长大。”楠楠又在心里默默地说。如果自己可以不长大，那么还可以和周围的朋友无忧无虑地玩耍，还可以经常在妈妈的怀抱里撒娇。

楠楠不想长大，而且十分害怕长大。长大后踏入社会，便要面临一些问题，还会遇到许多不想面对的麻烦。楠楠从心底里想要逃避，她不愿意接受长大的现实。楠楠只希望自己能是一个永远都长不大的孩子，依旧是那个可以搂着父母、可以每天和小伙伴们过着快乐生活的小孩子，她特别想回到童年的时光……

青春寄语

青春期女孩，从现在开始要“学会长大”，而不是拒绝长大。

长大后的女孩不可以像小时候那么懦弱、怕事，要学会坚强。不要因为困难而放弃了自己的梦想，不要因为失败就对自己失去信心。女孩应该将成长的烦恼都化作动力，应该用自己的实力去证明自己，证明自己不惧怕成长。

自恋情结

在放学的路上，文文经过一个护肤品店，因为才刚刚开业，这里的商品有很大的折扣。

“文文，我们去看看吧。”同伴很开心地和文文说。

“好啊，走吧。”

这家店的规模不是很大，但是在服务态度方面还是很不错的。那里的售货小姐会用仪器免费测试肤质，然后推荐适合顾客肌肤的护肤品。所以，当文文和同伴进去之后，售货员首先为她们进行了免费的肤质测试。

“您的皮肤为中性，皮脂和水分分泌适宜，是一种很健康的皮肤，结实柔滑，富有弹性，看不见毛孔，肤色红润有光，对外界刺激也不太敏感。建议您使用我们这里的营养师专门为您打造的护肤品，使您的皮肤一直保持在这种平衡的状态。”

当然，因为那套护肤品的价格十分昂贵，文文现在还无法承担，就和同伴一起回家了。但是售货小姐的一番话却让文文感到非常开心，没想到自己的皮肤那么好，之前却从没注意到。

自此以后，文文便对自己的皮肤产生了自信。当文文走路的时候，看到有男生从她的身边走过，心里就会想："他是不是也会觉得我的皮肤特别好呢？他是不是喜欢多看我一眼呢？"

后来，她又发现班上的同学看她的眼神十分不对。"是不是有人喜欢我呢？也许有这个可能吧，我的皮肤这么好，一定很漂亮。"

从那之后，文文更加注意保养自己的皮肤了。每天晚上，她都用黄瓜敷脸，有的时候还会敷面膜，每周三还用磨砂膏去去脱落的角质。文文的这些变化，很快引起了妈妈的注意。

"文文，妈妈发现你对这张脸十分注重啊。"

"妈妈，我对我的脸很满意，那个卖护肤品的阿姨对我说，我的皮肤结实光滑、富有弹性，没有明显的毛孔，所以我一定要好好保养它。"文文说道。

妈妈听了文文的话，不禁笑道："我的文文啊，像你这个年纪的女孩们，哪一个的皮肤不是这样？并非只有你才这样啊。"

妈妈说的话似乎很有道理，让文文觉得十分羞愧。对啊，当时那家小店的售货员阿姨一样说过同伴的皮肤也很好啊。

青春寄语

每个人都会有或多或少的自恋倾向——小到对指甲的精心

修饰，大到过分在意自己而不能与别人融洽地相处。人人都应该爱自己，但爱得过火了就十分危险。自恋者不但喜欢自我欣赏，也很在乎别人是否关注自己，并且期望得到别人的认同或赞美，却又缺少与他人平等相处、沟通的能力，所以活得很累。多关注别人的优点，平等地与别人相处，就会逐渐减少自恋情结带来的不良影响。

爱照镜子

每个人都有爱美的心理，秋姗当然也不例外。只不过，秋姗最近有点过分爱照镜子了，有的时候还会因为照镜子浪费很多宝贵的时间。

就拿今天早上来说，秋姗在洗脸的时候发现额头上长了一颗痘痘。天啊！这怎么得了！秋姗突发奇想，决定把刘海梳下来，以遮住痘痘。等秋姗把刘海梳好以后，又觉得这样一点也不好看，本来自己的脸就属于比较圆的，这样一弄反而显得更圆了，简直和樱桃小丸子没有任何区别。不行，这个样子绝对不行，到了学校要被同学笑话死的。最终，她还是决定将痘痘给露出来……

秋姗对着镜子来回地照，左照照，右照照，直到妈妈过来喊她："秋姗，你在里面已经待了半小时了，你不想去上学了？"

妈妈的话提醒了秋姗：她居然把上学的事情给忘记了！秋姗只好磨磨蹭蹭地离开了镜子。

来到学校，在课堂上，秋姗依然惦记着自己额头上的那颗小痘痘，索性掏出随身携带的小镜子仔细地端详。不知什么时候，老师已经走到她身边。

“秋姗，把镜子给我。”老师严厉地批评了秋姗，并且没收了她手里的镜子。

唉！这些都是照镜子惹的祸。

可是尽管这样，秋姗依然对镜子充满热情，要是没有什么特别的“干扰”，她能够在镜子前没完没了地一直照下去。秋姗如此爱照镜子，以至于妈妈经常会半开玩笑地对她说：“以后你就举着镜子出门吧，可以随时随地地照。”

不过，秋姗在心里想，是不是爱照镜子也算一种怪癖呢？

青春寄语

“青年心理学”曾有过这样的一个结论：同龄人团体是青少年“心理断乳期”的“哺乳室”，也就是说，同学或伙伴会告诉女孩如何变得自信和自强。可是镜子并不可能告诉女孩这些，非但不能做女孩的“心理奶瓶”，反而会加重心理负担。因此，把别人当成自己的一面镜子才是最正确的。

一说话脸就红

历史老师讲课风趣幽默，同学们都喜欢上他的课，欢欢也很喜欢。她总是想找机会亲近这个可爱的老师，可是她不知道具体用什么方法。

欢欢的好朋友给她出了一个主意：“你想一个问题问问他，他一定会十分耐心地给你解答的。这样你就有机会和老师近距离交流了，不是吗？”

欢欢觉得这个主意很不错，于是便冥思苦想了很久，终于想出了一个能向历史老师请教的问题。

这天，等到历史老师下了课正要离开教室的时候，欢欢快步上前拦住了他：“老师，我想问一个问题。”说到这里，欢欢已经感觉到自己有些不好意思了。

历史老师静静地站在那里等着欢欢提问。

“是这样的，您上课的时候讲到瓷器是在我国东汉时期出现的，可是在讲到商朝历史的时候，您又说是在那时出现了原始青瓷，这两种说法是否存在矛盾呢？”

“不存在矛盾。”历史老师肯定地回答道，“因为在商代出现的原始青瓷在吸水率、显气孔率等方面都没能达到合格的标准，所以这个时期出现的并不是真正的瓷器。”

“可是，老师，”欢欢没太听懂，还想和老师多说几句话，于是就继续追问道，“后来明朝和清朝制造瓷器的标准在汉朝是达不到的，为什么不把汉朝的瓷器也归在原始瓷器里面呢?”

“事实上，汉朝的瓷器已经达到了制造瓷器的标准，所以才把汉朝作为瓷器历史的开端。”历史老师继续回答她的问题。

欢欢眨着眼睛看着历史老师，挠挠头，心想：“还是没明白……算了，还是不问了。”

历史老师依旧温和地看着她，居然还冲她笑了一下。欢欢反而更加觉得不好意思了，赶紧回到自己的座位上坐好。

青春寄语

女孩如何才能控制住害羞的情绪呢？ 正确答案是：千万不要考虑过多，一旦确立目标下定决心，就要敢于面对，做那些自己不敢做的事情。 的确，最初这样做是很艰难的，但是假如能够直面这些让自己害羞的事情，女孩就能够渐渐学会摆脱这种自我约束，这也是克服害羞心理的关键。

喜欢被关注的感觉

“你们快来看啊，有地方需要招聘群众演员。”琪琪兴冲冲地跑过来，手里拿着一份报纸。

“哎呀，这有什么？”面对兴奋的琪琪，所有人都觉得没什么大不了的。

“嗯，你不知道，这能让大家对你的脸有个印象。这可是成为明星的最佳途径，到时候，我可以让你们来帮我写回忆录。”面对所有人的不理解，琪琪也不去顾忌其他人的感受，自以为是地想象着自己的成名之路。

琪琪这个人就是如此，用她自己的话说，聚光灯下的生活是她最喜欢的，或许真有那么一天，她能如愿地成为公众人物。在班里，琪琪是众所周知的非常高调的人，她很喜欢在别人面前谈论一些虚无的东西，会有意无意地夸赞自己，被人称为与众不同而乐在其中。当她心情很好的时候便嘻嘻哈哈，非常有激情，而有一点儿不如意就乱发脾气，情绪转变非常大。幸亏同学们对她了解，对她多多忍让。

青春寄语

喜欢被关注的人表达情绪的方法十分夸张，经常令常人无法接受。如要控制这种状况，首先要做的便是向自己的亲朋好友做一番调查，并观察其他人表达情绪的方法。对于他们提出来的看法，应该扪心自问，哪些表达情绪的方法是别人能接受的，哪些是别人讨厌的。

别人对自己反感的方面一定要坚决给予改正，还可以让好朋友在关键时刻提醒自己，或者做完一件事之后让好朋友对自己做个客观的评价，以便在以后的生活中正确地释放情绪，达到适度、恰当的效果。

渴望父母的理解

媛媛天生就活泼开朗，总是带给大家欢声笑语，几乎没有情绪低落的时候。可是有一天，她却哭得非常伤心，原来是和妈妈产生了矛盾。

夏天到了，媛媛看上了商店里面一件很漂亮的上衣，准备和好朋友芳芳来一个“姊妹装”。芳芳有一件同样的衣服，媛媛觉得穿上特别有气质。但是媛媛买的那件衣服却令妈妈十分气愤，不是因为价格太高，而是因为款式太暴露了。那件衣服后面的整块布料都是透明的薄纱，穿上之后，内衣都清晰可见。

媛媛觉得在里面加个小背心就没有任何问题了，没想到妈妈的反应如此强烈，还生气地将衣服剪坏了。

“这件衣服是我自己省钱买下来的，她凭什么给我剪了？”媛媛生气地对好朋友讲。

“并且我还没来得及说这件衣服我不会直接穿在外面，她就……”媛媛越说越觉得自己很委屈，开始数落起妈妈来，“她总是这么不讲理，每次只要我说喜欢的东西她就反对，我看她一定是故意的。我小的时候，什么都听她的，但是现在我已经长大了，要是没有自己决定的权利，人生太没劲了！”

媛媛不想还好，一想就觉得特别生气，迟迟不愿意回家。妈妈只得打电话到学校问女儿的下落，于是同学们个个都知道了媛媛与妈妈因为买衣服产生了矛盾。

青春寄语

在女孩成长的过程中，从依赖父母慢慢走向独立，这期间必定充满许多挑战。第一次做主买衣服，第一次自己选择交什么样的朋友，第一次去书店买和课本无关的书……这些是独立的开始，同样也是矛盾激化的开始。因为很多父母还没有适应孩子的变化，他们仍然遵循以前的习惯与孩子相处，也许这看上去有点“多管闲事”，但这是爱的一种体现。女孩们应学会理解家长，积极和他们沟通。

离家出走

阿六从小就很喜欢小猫、小狗、小鸭和小鸡等小动物，但她最喜欢的还是小狗。上了初中之后，阿六向同学要了一只可爱的京巴，浑身雪白，头圆圆的，鼻子扁扁的，两只眼睛黑黑亮亮的显得很有神，胖乎乎的就像个小雪球，于是阿六就给它取名“雪球”。

每天放学回家，阿六写完作业就和雪球一起玩。雪球也十分喜欢阿六，看见阿六就会摇着小尾巴跑过来，舔舔阿六的小脚，让阿六很舒服很开心。可以说，在阿六的生活里，雪球已经成了一个十分亲密的伙伴，甚至就如同自己的兄弟姐妹一样亲密。这让从小一个人玩的阿六十分开心，就像有了一个妹妹一样。可阿六高兴的日子还没过几天，麻烦就来了。

首先是妈妈，成天说阿六玩物丧志，每天就知道和小狗玩，连功课都落下了。本来阿六的学习成绩就平平，虽然没有垫底，但也绝对算不上好。妈妈拿这个来说事，让阿六无话可说。阿六只好减少了和雪球玩的时间。

可没过几天，阿六却发现，妈妈竟然偷偷地把雪球送人了！这让阿六难以接受，原本她还觉得自己学习成绩不好对不起爸爸妈妈，所以每天都努力学到深夜，可妈妈为什么就不能理解自己呢？从前家里就自己一个人，爸爸妈妈忙着上班，没人和自己玩。现在好不容易有了雪球，可妈妈却这么狠心，让自己失去了唯一的好朋友。

阿六和妈妈大吵了一架，本想让爸爸帮自己，可没想到一向疼爱自己的爸爸也站在了妈妈那边，这让阿六伤心极了，躲在自己的房间里偷偷地哭。哭着哭着，阿六突然有了一个想法：既然你们这么不重视我，那我离开好了，离开这个家，离开这个让我伤心的地方，到另一个城市去，过自己的生活。可阿六马上意识到，这样做好吗？

青春寄语

当女孩的人生发展到青春期这个特殊的阶段时，很多事情都开始发生巨大的变化：女孩的思维方式变了，生活习惯变了，对待父母的态度变了，交友的方式变了，甚至价值观都变了。 这个时期是人生较为重要的一个时期，也是人生较为烦恼的一个时期。

可是，离家出走并不能解决问题，只有自己去勇敢地面对，才是解决烦恼的最佳办法。 所以，女孩首先要明确自己的问题出在哪里，找出问题的根源，勇敢面对，才能妥善解决。

PART 2

战胜心理障碍，做快乐的女孩

逆反心理

有一次学校开家长会，家长的谈话主题自然都落到了孩子身上。

当说到莉莉的时候，她妈妈叹了一口气："唉！女儿从小听话懂事儿，叫她做什么她就做什么。可从上了初中，总觉得像是换了一个人，总是说我很唠叨，说多了她就会大发脾气甚至摔门而走。最近这段时间，她总是把自己封闭在房间里，把门反锁上，不让任何人进去。星期天早饭也没吃就被几个同学叫走了，问她去哪儿她也不回答。我辛辛苦苦地为她做了这么多，她也不领情。"

"孩子都大了，说什么都听不进去，这是很正常的事情。如果她再长大一点的话，应该会理解的。"其他家长安慰道。

话虽如此，可看着女儿一天天和自己变得疏远起来，且逆反的情绪越来越严重，一直担心着的莉莉妈妈最终耐心说服了莉莉，带她去看了心理医生。

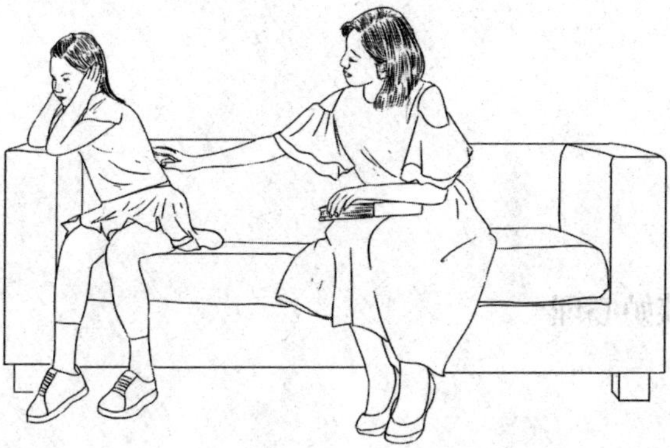

心理医生询问莉莉如何看待妈妈对她的教育，她的回答居然是这样的：“我妈妈每天都很唠叨，总说我这道题怎么又做错了，为什么不记英语单词，怎么还不去睡觉，不能总是看电视，这样对眼睛不好……我真的什么都听不进去。本来上了一整天的课就已经非常疲惫了，到家还要听她的唠叨，她怎么就不可以让我静一会儿？”

青春寄语

身为女儿应该明白，虽然父母的唠叨听起来有一些啰唆，但是他们都是在关心自己。他们毕竟是自己的父母，作为孩子应该站在他们的立场上想想，然后采取一种正确、适当的方式和他们交流。作为女儿，如果都不能分辨出家长给予自己的关心，还误解了他们的意图，那就是缺乏孝心了。

嫉妒心理

全校年度表彰大会又要开始了。虽然菲菲、莉莉和阿芳一直都是非常要好的朋友，但学习成绩却不在一个等级。莉莉和阿芳的学习成绩很一般，菲菲却总能名列前茅。学习成绩恰巧是年度表彰大会最重要的评定标准。

实际上，菲菲由于怕阿芳和莉莉尴尬，本来都不想参加了。但就在那天一大早，莉莉便叫住了菲菲，还要和她一起坐。菲菲一颗悬着的心才落地了。

菲菲好奇地问道：“莉莉，你真的一点都不讨厌我吗?”

“你怎么会这么想呢？你是我最好的朋友啊!”

“我觉得你应该讨厌我。其实我真的不愿意参加这个表彰大会，因为每次拿完奖，我都会少了好多朋友。”

“你觉得我是这样的人？那种嫉妒心理，我这么心胸宽广的人是不会有的。没事！你拿你的奖，我们还是好朋友！我最好的朋友那么优秀，我高兴还来不及呢。”

听莉莉说完，阿芳也开心了：“咱们是真正的朋友，所谓有福同享，有难同当，你得奖我们也跟着沾光啊！阿姨今天晚上肯定给你做一桌子好吃的，我们也有好吃的吃喽。”说完，大家便笑作一团。

站在领奖台上，菲菲动情地说道：“谢谢老师，谢谢我的父母，还要感谢我最好的朋友们，感谢她们的支持和理解，我们要一起努力……”

晚上回家，菲菲妈妈确实早已经准备好了庆功宴。看着这些青春可爱的女孩子们，她很欣慰女儿能有这一群好朋友。

青春寄语

每个人都有自己的交际圈，一般人都会不自觉地拿自己和圈子里的人做比较。当发现了自身一些不如他人的地方时，就会不由自主地产生羡慕、崇拜、想要奋力追赶的心理，这是积极上进的心态；但羞愧、消沉、怨恨等不良情绪也有可能滋生，这就是不理智的嫉妒心理了。

在日常的学习、生活中，如果有幸有一个比自己优秀的同学或朋友，千万不要嫉妒，应该拥有博大的胸怀，用一颗宽广的心去交友，取人之长补己之短，这样不仅能获得宝贵的友谊，还能够完善自我。

孤僻心理

菲菲最近感冒了，妈妈怕她感冒严重，就带她去医院输液。护士说需要很久才能输完，妈妈便趁菲菲在病床上睡着的时间，到心理科去找朋友聊天。菲菲的妈妈到了朋友那儿，竟然看到了菲菲的外国同学瑟琳娜，便想离开。不过，这个外国姑娘看见菲菲妈妈后，却对她说："阿姨，您进来坐吧。"

菲菲妈妈进来坐下之后，瑟琳娜很快就打开了话匣子："阿姨，我现在已经没事了。在我刚来中国的那段日子，我认为自己真的很寂寞，即便有特别多的朋友对我很好。菲菲对我特别好，还老让我去您家玩，不过我也不知道为什么，就是不太喜欢和别人接触。幸亏我找到了这位医生，她告诉我，我这是青春期孤僻心理的症状。她还对我进行了心理方面的辅导呢，我现在好多了。"

"你现在积极开朗就很好了。其实不用担心，无论在什么地方你都不会孤单，都会找到属于你的朋友的。"说完这些，菲菲妈妈心里又有些许的感慨：唉，这么小的一个女孩，千里迢迢地来到自己不熟悉的中国，确实是不容易啊。值得高兴的是她终于克服了孤僻的心理。

青春寄语

女孩要学习人际交往。青春期是培养表达能力的重要阶段，同样也是增长个人阅历和社会经验的重要时期。孤僻心理对于交际能力的培养很不利。所有人都希望和态度较为积极的人相处，而不愿意和自我封闭、性格孤僻的人交流。青春期是一个美好的时期，应该有很多美好的事情值得分享，为什么不打开自己的内心呢？

猜疑心理

放学以后，数学老师要求阿芳单独留下来，打算给她补习三角函数的知识。但是，阿芳本来要去邮寄一封信，无奈只好让菲菲代劳了，菲菲爽快地答应帮忙。

就在菲菲正要前去邮局的时候，阿芳喊住了她："菲菲，你会偷看信里面的内容吗?"

"你这话说得……你觉得我像那样的人吗?"菲菲虽然有一丝不快，但转念一想，觉得这封信也许非常重要，阿芳才会这么忐忑。

"那你要发誓你不会偷看。"阿芳坚决地说。菲菲无奈，只能许诺了。

第二天，菲菲和莉莉在阿芳家楼下等阿芳，阿芳从楼上下来见到莉莉和菲菲在小声谈论，非常愤怒地说："菲菲，真不知道你会这样，我还认为你是我最重要的朋友呢。"说完，独自离开了，菲菲不知所措。

之后的几天，阿芳都没有理菲菲，菲菲认为自己没有错，于是两人都不肯低头，就这么僵持着。可是令人不解的是，阿芳也没有理莉莉。

事实上，阿芳自己也很烦恼，她现在非常敏感，对任何事情都猜忌，也不想了解谁是对的。而且，她想莉莉一定也不拿自己当好朋友了。莉莉每天都和菲菲在一起，肯定是在疏远自己。

有一天，菲菲难过地向妈妈讲述了事情的原委，然后感叹道："友谊原来这么脆弱，我们从小一起长大，是多年的好朋友，她竟然不信任我。"

其实，菲菲妈妈知道菲菲的苦恼，处在青春期的女孩在这个年龄段都会有苦恼。

听完她的讲述，菲菲妈妈对菲菲说："你不能责怪阿芳，这种情况是青春期的一种常见的心理状况——猜疑。她也不只针对你一个人，恐怕她对她的父母也会产生猜

疑。你应该更大度、宽容一些。以后，如果她相信你是她最可靠的朋友，她就会慢慢好起来的。”

“我明白了，妈妈。那么您告诉我这种心理问题应该怎么处理呢？有机会我要和阿芳好好谈谈这件事。”

青春寄语

人际交往中，人与人之间会有很多的误会和磨合，这可能与每人处理事情的方法、观念不同有关系，也可能是由于一些误解导致的。这些问题都需要以适当的方法来处理，例如，通过和人谈心的方法，不但可以说出各自内心的想法，消除误会，还能解除因为误会而产生的危机。

青春期强迫症

小静平时的学习成绩处于中等偏上，因此爸爸妈妈很少担心她的学习。升入初中后，因为学科增加了许多，她总是学习到很晚，渐渐地，她的脸上出现了青春痘。

有一天，她旁边的同学对她说，她鼻子上的青春痘很明显。小静听到后马上拿起镜子看。很快，她就为自己制订了“战痘”计划，不仅买来了各种祛痘护肤用品，还要每天提早起来使用，中午和晚上也会花费很多的时间在“战痘”上。

妈妈发现了她的不对劲，一开始并没有太在意，只是单纯地认为女儿到了青春期，爱美是正常的表现。可是小静脸上的痘痘一点儿好转的迹象都没有，而且整张脸变得又红又黑。

于是，小静每天郁郁寡欢。她通过电脑网页、电视广告等媒介密切关注有关祛痘的护肤用品，一到家就开始洗脸、祛痘。即使在上课的时候，她也克制不住自己用手去挤痘痘。如此，她的学习受到很大的影响，成绩一落千丈。

无奈之下，妈妈带着小静来到心理咨询中心进行治疗，才知道小静患上了强迫症。小静对医生说：“我也不知道该怎么说，不过我真的很痛苦。其实，从这件事情开始，我感觉自己像是变了一个人。看到一个普通的东西也会思考很久、分析很久，一件很小的事我都会把它看得非常复杂，需要逐步思考。有时候，我真的确实把门锁好了，却偏偏还要再去关一下。就算确定已经关好了，我依然很担心，一点儿安全感都没有。我不再像以前那样开朗洒脱，而是变得敏感细腻，甚至有些神经质。我也不想强迫自己，但是我做不到，对任何事情都没有兴趣！我真的非常严重吗？”

青春寄语

青春期这个阶段充满了美好也潜伏着危险。其危险主要表现在处于青春期的女孩很容易出现各种心理问题，任由其发展下去很有可能诱发疾病。而青春期强迫症就是能够将她们推入绝境的疾病之一。因此，试着控制自己的情绪是青春期女孩的必修课，学着去调节情绪并适当地释放它们，将预防与治疗相结合，才会健康、快乐地过好每一天。

青春期焦虑症

炎炎最近心情一直不好，在心理医生的开导下，炎炎打开了心结说出了心里话：“因为老师比较器重我，所以只要市里、区里或者学校有竞赛活动，老师都会推荐我去参加。为此，我比其他同学的课业负担要重，也比其他同学付出的要多。我觉得被压得喘不过气来，简直无法承受。我觉得我应该对得起老师对我的器重，所以很怕竞赛失利，很紧张地对待每一学科的学习。妈妈也一直以我为荣。但是有一天晚上，我正在背书，计划背好明天竞赛的内容。那天恰好爸爸请同事在家吃饭，他们发出很大的噪声，让我无法专心看书。我既生气又着急，心中烦躁至极，怨恨在我心里慢慢地萌芽壮大：一恨老师总是让我参加各种竞赛，使我非常疲惫；二恨爸爸请客吃饭，打扰了我正常的学习安排；三恨父母不应该让我上那么好的重点学校。在这种焦虑怨恨的情绪下，我一夜没睡，考试当天我发挥失常了。从那以后我就经常失眠，很多竞赛的试题会经常出现在我的梦里，我还梦见自己在竞赛中交了白卷。此外，我上课也集中不了精神，经常走神，考试成绩一次不如一次。我非常苦恼，我不知道该怎么办，我还有参加中考的必要吗？”

青春寄语

自我治疗和心理暗示是治愈青春期焦虑症最好的办法。处于青春期的女孩在日常的生活和学习中，经常会碰到很多不顺心的事。这时，应该提醒自己正确地认识自己，相信自己有能力处理突发事件并且能够完成各种事情，相信自己可以克服困难，通过暗示的方法来增加自信。即便焦虑状况没有那么严重，也可以通过积极的心理暗示让自己变得更加自信，这种良性循环对挣脱焦虑症的困惑有很大帮助。

PART 3

控制情绪，女孩要有自控力

有了心事这样说出口

有一天，菲菲的妈妈出门买菜，刚到社区门口就碰到了阿芳的妈妈。一般情况下她们都很忙，很难碰面。这次碰到了，菲菲妈妈便主动找阿芳的妈妈说话：“最近还好吗？你们家阿芳怎么样？也没机会找你聊天。”

阿芳妈妈叹着气说：“孩子大了最让家长操心，小时候就算打她一顿也一会儿就没事了，现在说她几句就和你赌气好几天。我都不知道女儿什么时候变得古怪了，平时稍微说点什么吧，她就顶嘴，甚至干脆不理睬你。小时候叽叽喳喳地说个没完，现在长大了却很难听她说点关于学习和生活上的事。我们做家长的试图跟她讨论了解点什么吧，她就牛头不对马嘴地敷衍几句。她对她最好的几个朋友也不像以前那么热情友好了。放学回家后就把自己反锁在房间里听音乐，一待就是几个小时。问她为什么总是沉默不语、不理会人，她就没好气地回答：‘我想安静，沉默说明我在思考问题。我已经长大了，需要把很多事情考虑清楚。’唉，阿芳今年才14岁，根本还是小孩子。我真不知道这孩子怎么了。”

“估计是有心事吧，她们这个年纪都开始有自己的心事了，还不爱跟父母说。我们家菲菲最近也开始有脾气了，好像也有什么心事，不过，一般情况下她都会和我说的，你还是和阿芳好好谈谈吧。”

“是啊，我也希望阿芳能敞开心扉，跟我们把心里的事情说说，憋在心里会憋出病来的。可是，和孩子真的有代沟了，她根本不听我的话，要不，麻烦您哪天帮我劝劝她，她经常去您家，好像和您说的话比和我还多呢。我这个妈妈做得不合格啊！”

“好的，你放心吧，有机会我会劝劝她的，希望我们的女儿都能身心健康地成长啊！”

青春寄语

当有心事时，要学会和别人分享，不要自己硬扛。如果缺少有效的沟通，就会造成心理压力和心理疾病，比如抑郁症、焦虑症、强迫症等。造成这些心灵创伤的原因是不能释放自己的情绪。当情绪被锁定在心中无法释放时，生命的动力、创造力、智慧和与人相处的能力都被压抑在其中。因此，善于与周围的人沟通，才是解决心事的正确方法。

寻找适当的发泄方法

菲菲马上要升入初三，学习压力比以前大很多，她开始不那么贪玩了，也不和妈妈一起坐在沙发上看电视剧了。一有时间，她就钻进自己的房间学习，因为有做不完的习题和看不完的书。期末考试的日期一步步近了，紧张的临战气氛和学习压力，让菲菲觉得喘不过气来，她感觉自己的神经绷得很紧，似乎再紧一点就要断了。

可就在这个时候，菲菲还和班上一个同学产生了矛盾。菲菲一整天都愁眉苦脸的，回家也不和妈妈说心里话。

菲菲的爸爸是个细心的人，他看出了女儿最近的变化，便找来菲菲，想帮她释放一下心里的不快。一个周末，父女俩和小时候一样，来到公园跑步，休息的时候，爸爸问菲菲："能跟爸爸说说你最近怎么了吗？"

"我们班那个同学，竟然在我背后说我的坏话，说得很难听，我又没有对不起她。有一天，我去卫生间，结果她正和几个女生在里面嘀咕，恰好都被我听到了，我实在忍无可忍了，就跟她吵了一架。"

“那的确是她的不对，但菲菲，你想想，你这样整天闷闷不乐的，不仅影响学习，对自己身体也不好啊。不妨发泄一下，然后和那同学谈谈，只要她承认自己不对，你们还是朋友。”

“那怎么发泄呢？”

“在人际交往中遇到不顺时，你应该暂时停止学习，因为这时候学习是没有效率的，心事还会郁结。不妨放松一下，有一些小窍门会起到立竿见影的效果，如深呼吸、绷紧肌肉然后放松、回忆美好的经历、想象大自然的美景等，还可以去上网、爬山、聊天、听广播、看电视甚至蒙头大睡，这样既可以暂时转移注意力，也可以缓解大脑的缺氧状态，释放内心的不快。事实上，没有一个人是绝对受欢迎的，你不必太在意。”

“谢谢爸爸，我知道该怎么做了。”

果然，菲菲又和以前一样，脸上重新挂起了笑容，学习也有劲儿了。

青春寄语

青春期的女孩们，在与人交往的过程中，要学会保护自己，不要让那些不快的事情压抑心情，应该找个恰当的方法宣泄，而不是幼稚地拒绝交流、沟通，拒绝师长的帮助。与他们对抗，难道就是真的长大了吗？成熟的标志之一是：懂得用正确的方法处理自己的问题。

青春期女孩要学会处理自己的情绪问题，成长是一个漫长的过程，而且需要自己面对。

不要大喜大悲

“夏楠，白雪，李花……”又到了发试卷的时候，老师总是会在班上念每个同学的名字。

“杨凡——”念到杨凡的名字的时候，老师看了看试卷上面的分数，小声对杨凡说，“75 分。”

“耶——”杨凡欢呼雀跃，以为自己一定是全班的最高分。

“杨凡，安静。”老师接着念下去，“黄磊，李乔……”

听说李乔考了 82 分。唉，原来杨凡的语文成绩并不是最高分，甚至还有些低。杨凡觉得自己得意得太早，很丢人，居然难以自控地哭了起来。

“一次考试根本就说明不了什么问题，成绩不理想的同学只要努力，一定能够取得好的成绩的。”这些话是老师在安慰自己吗？杨凡心想。

杨凡独自一个人走在回家的路上，觉得自己的表现实在是太不淡定了，在短短的十分钟里居然展现了那么

多的情绪，变脸也似乎变得太快了。再说，这又有什么丢脸的呢？不就是情不自禁地喊了一下吗？根本不至于哭啊。杨凡觉得自己越来越奇怪了。

青春寄语

俗话说得好，想要保持情绪的愉悦一定要看看那些比自己更不幸的人。只有失败者才总是看着让自己失败的陷阱而无法自拔。

凡事都要往好的方面去思考，才能更好地面对和解决问题。所以，当女孩产生了不良情绪的时候，一定要做到换一个角度思考。

接受自己的不完美

菲菲班上有个特别的女孩，当别的同学嬉戏时，她一般都独自躲在角落里，好像从来没有朋友一样。实际上，她也希望自己可以和别的女孩一起玩，可是，她总觉得自己像只丑小鸭：个子很矮小，脸上还有痘痘，皮肤也很黑。为什么妈妈在给自己生命的时候，把这些缺点都给了自己呢？她在一篇题目为《我的心事》的作文中，这样写道：

“我是一个初中女孩，虽然年龄还小，但自卑心理已经很严重了。我有太多的缺点，唯一能让我稍微欣慰的就是我的学习成绩比较好，在班里能排前几名。上小学的时候，我有两个很好的朋友，以前我是她们学习的榜样，可现在，她们很明显已经超过了我，而且在学校还有一些异性朋友，我却得不到别人的关注，为什么我这么差劲？现在，她们已经是学校光荣榜上经常出现的学生了，而我，成绩却在一天天退步，她们也离我而去了。

“我很自卑。一开始，我还不认为自己自卑呢，后来当我发现这3年来我的变化真的很大的时候，才注意到了这一点。我觉得从小我就没自信过。于是我装得很有特点，生怕在这个优秀的团体里，别人会遗忘我。我开始看那些我不喜欢的东西，开始看动漫、看小说，我的性格开始变得内向，我现在好茫然，不知道该怎么办。马上就要中考了，我已经不知道该怎么面对中考，面对未来的学习了。”

老师后来经常找她谈话，希望她能以平常心对待学习成绩，也要接受自己的不完美。之后，这个女孩开朗了许多，身边也开始出现一些朋友了。

青春寄语

如果女孩不能接纳自己，把眼光过多地放在自己的缺陷和不完美上，就会对自己产生过低的评价，导致缺乏信心。自卑，是个人对自己不恰当的认识，是一种自己瞧不起自己的消极心理。在自卑心理的作用下，女孩便不能以正常、轻松的心态与人交流。青春期是我们走出家庭，走向社会的一个重要时期。每个青春期的女孩都希望自己有可以倾诉的对象，有几个关系亲密的闺密，但当女孩子过分在意周围人的眼光，甚至自卑时，是无法完成与他人之间的沟通并建立友情的。所以，青春期女孩一定要学会接纳自我，然后完善自我、提升自我，才能在青春期充实自己，为未来打下基础。

用平和的心态成就美丽

兰兰由于一点小事情一个人在那里生闷气。

妈妈走了进来安慰兰兰："妈妈给你一面镜子，看看你现在的样子。"

兰兰把镜子拿过来一瞧，发现镜子里的自己特别难看，脸红红的，并且表情很恐怖。

"不看了。"兰兰生气地丢下镜子。

“呵呵，”妈妈笑着说道，“一个美丽的女孩子切不可轻易动怒，要不然会变丑的。”

“嗯，果真如此啊。”兰兰并不否认妈妈的观点，“可是我刚才实在控制不住自己。”

妈妈对兰兰说：“情绪的变化对新陈代谢的影响很大，有研究表明，当人在生气的时候会分泌一种毒素，会对身体健康产生严重的损害。而且，你想，一个情绪不好的人，肯定面相也不会很好，慢慢地，人就变得越来越丑了。”

真的是这个道理啊，听了妈妈的一席话后，兰兰恍然大悟：“那我以后一定不再轻易生气了，否则就会变丑了。”

“这才对啊，”妈妈说道，“聪明的女孩子一定会让自己保持良好的心态，这是一直美丽下去最关键的因素。”

兰兰决定以后都要开开心心的。

青春寄语

现代生理学研究显示，当人的心情很愉快的时候，其内脏器官活动会发生改变，如心脏跳动会更均匀有力，肺活量会增加，肠胃平滑肌会加快蠕动，呼吸、消化循环系统会得到很好的发展，机体的免疫功能会增强，人则会变得红光满面。

父母偷看日记

艾拉是一个比较内向的女生，从小养成了写日记的习惯，喜欢用书信和朋友交流。在网络如此发达的现在，像她这样的女生已经不多了。朋友们也很喜欢艾拉的这种交流方式，不但觉得有意思，而且还很浪漫。但这样浪漫的交流方式却受到了严峻的挑战，这挑战就来自艾拉的妈妈。

一天下午放学，艾拉去书店买了最喜欢的韩寒的新书，准备回家做完作业再美美地阅读。当她回到家里放下书包，正准备进房间时，忽然看见妈妈从自己的房间匆匆出来，而且神色慌张，像做了什么错事似的。

艾拉就问妈妈怎么了，可妈妈却支支吾吾地说："你，你怎么回来得那么早，我，我在给你打扫房间，现在去做饭了。"然后匆忙走进厨房。

这让艾拉感觉很奇怪，为什么一向言语犀利的妈妈今天说话这样"不利索"？当艾拉走进房间想把今天的收获写进日记的时候，发现自己的抽屉好像被动过了。她赶忙拉开抽屉，果真，自己最最亲爱的妈妈竟然翻了自己的抽屉，偷看了自己的日记！

这一发现非同小可，让艾拉顿时愤怒起来。虽然日记里记的不过是些学校和家里的琐事，但日记毕竟是个人隐私，妈妈怎么能这样！艾拉真想立刻冲到妈妈面前，和她大闹一场，但她还是忍住了，泪水却忍不住流了下来。

在饭桌上，艾拉一言不发，而妈妈也只低头扒着碗里的饭，谁也不说一句话。过了一会儿，妈妈终于用严厉的口吻质问艾拉说："那个男孩是谁？在哪个班？"还用犀利的眼神看着艾拉，"你最好别装傻，别以为我什么都不知道！"

艾拉终于忍不住了，火山爆发似的把自己的愤怒发泄了出来，冲着妈妈大喊道："你在瞎说什么？你凭什么偷看我的日记，你看我的日记经过我的允许了吗？这是我的隐私，你没权这么做，你做的这些事都是犯法的，你知不知道？"然后她也不吃饭了，丢下碗筷就跑进自己的房间伤心地哭了起来，把妈妈一个人丢在饭桌旁边怔怔地发呆。

过了许久，艾拉哭累了，就坐在床上想：不如听同学的，把日记都销毁，看她还怎么看。可是回头想想，这些日记都是自己的成长记录，要销毁太可惜，自己还真是舍不得。该怎么办？如果信和日记我都想留着，藏在哪里合适呢？如果妈妈还要偷看该怎么办？

青春寄语

女孩可以和父母好好谈谈，告诉他们自己的想法，告诉他们这种行为已经伤害了自己，让他们知道自己的真实想法。

只要从根源解决问题，所有的烦恼都将迎刃而解。所以，女孩一定要学会和父母交流思想，把父母当朋友，将自己的困难和心事透露给他们，相信善解人意的父母一定会理解女儿的想法，如此一来他们自然也不再会对女儿的日记本感兴趣了。其实，父母只是希望女儿可以主动地将生活中、学习中、思想中一些重大的事情与他们交流，从而知道女儿的思想动态和人生观。而如果这些事总是隐瞒着他们，他们反而更加担心，就会想更多的“办法”从侧面了解女儿。

老师侵犯了我的隐私

雨婷平时比较喜欢上网。其实，论坛是一个藏龙卧虎的地方，很多“高人”会在论坛上发表自己的言论，所以，雨婷只要有时间就去上网，到论坛上看看。

一次，她在论坛上看到了一篇写关于古龙小说人物大串烧的帖子，那篇文章写得十分精彩，能够看出作者对于古龙的小说很有见解。很巧的是，雨婷也是个古龙小说迷，心里想着如果可以和这位作者多交谈一下，肯定是一件特别有趣的事情。

之后，雨婷在网上认识了这个人，对方给雨婷讲了很多关于古龙及其小说中的故事。后来，这位朋友出国了。即使两个人能够通过网络来联络，但是那位朋友建议彼此写信交流，因为这样的话雨婷可以得到一些外国的邮票。于是，雨婷就将自己学校的地址给了这位朋友，并且期待着对方的来信。

有天下午课间的时候，有个同学来找她：“雨婷，老师找你，快去办公室吧。”

“嗯？难道是犯错误了？”雨婷心里想着，来到了办公室。只见老师手里拿着一封信，对她说：“雨婷，这是你的一封信。我是想告诉你，你现在最主要的就是要好好学习，其他和学习没关系的事你最好不要去关心。”

那封雨婷一直特别期待的来自国外的信，居然在老师的手里。

仔细一看，她发现老师竟然把信给打开了。“老师，你怎么可以未经我的同意就私自拆我的信呢？”雨婷不禁火冒三丈，可是面对老师又不好发作，于是只能对老师解释：“那只是个笔友而已，经常通信讨论古龙的小说。”

老师没有抓到雨婷的错误，只好说：“嗯，以后多注意专心学习，和学习没关系的事情最好不要做，现在的功课本来就很紧张。”

青春寄语

若想将这个问题很好地处理掉，可以有以下几种方法：

(1)开门见山、很直接地向老师说出这个问题，表明希望老师不要再这样做。但是要注意的是，应该体谅老师的关怀，理解老师只是采取了不太妥当的方法，在谅解的基础上给老师善意地提出一些意见，这样老师是完全可以接受的。

(2)可以主动地接近老师，多和老师沟通思想。

(3)从思想上、行动上严格要求自己，树立正确的交友观，如果是一些不三不四或者对对方底细并不了解的人，最好不要和他们联系。要以学业为主，以行动让老师放心，这才是最重要的。

PART 4

朦胧的感觉，不能懵懂地应对

能和男孩交往吗

放学的时候不巧下起了雨，但是冰海却没有带伞。这下可麻烦了，要怎么回家呢？冰海只能一个人坐在教室里，希望雨可以快点停下来。

“冰海，你怎么还不收拾东西回家？”她的前桌问她。

冰海懊恼地答道：“没带雨伞，要我怎么回家呢？”

“你拿我的伞回家吧。”也不知道他从什么地方“变”出了一把雨伞。

要是我把伞拿走了，他怎么回家呢？冰海不禁担心起来。前桌却傻傻地乐了一下，用那种无所谓的口气回答道：“没关系，我跑着回去就行了。”

听到他说的话，冰海心里涌上了一股暖流，于是就说：“那不如我们一起回家吧，反正咱们也顺路。”

听了冰海的建议，他开心地点了点头。

冰海和他打着同一把伞在雨里走着。冰海心里想着自己这么大了，还是第一次和男生打着伞一路回家，这

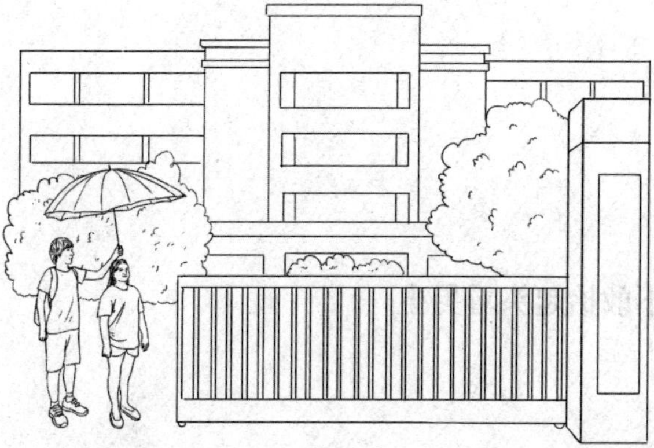

种只在电影里出现的画面居然出现在了自己的身上。

但是天公不作美，这场雨居然越下越大，小小的伞根本无法抵挡这瓢泼大雨。他倒是十分绅士，不停地把伞往冰海这边偏，而自己成了落汤鸡。

看到这些，冰海心中五味杂陈。

晚上回到家，冰海躺在床上怎么也睡不着，她的脑海里总是出现他那憨厚的笑容。真是的！或许女孩子就不应该和男生交往，只是一起回家而已，为什么怎么也睡不着呢？

青春寄语

到了青春期这个阶段，出于正常的情感需要，每个女孩都会产生与异性接触的渴望，这并不是心理疾病，也不是一件可怕的事情，但是一定要与异性保持一定的距离。

不敢抬起头看男生

曼云总是怀疑自己有心理障碍，为什么只要见到男生，自己就格外紧张和害怕呢？

如果有男生坐在曼云身旁，她甚至不敢抬头看他们，更不敢和他们说话。这让她觉得特别难受，对方也觉得十分不自在。

在一次校运动会上，曼云很晚才来到现场，场边几乎都没有空座位了。

班里的一个同学对她喊道："曼云，这里有个空座，过来吧。"

曼云顺着她指的方向看过去，空座位的旁边坐着一个男同学。曼云宁愿站着，也不想坐过去，那是多么尴尬的事情啊！曼云对同学摇了摇头，表示自己不愿意过去了，然后一直站在原地。

那场运动会一直持续了将近3个小时，曼云就在那里站了3个小时。

青春寄语

当女孩和男同学在一起的时候，可以把他们当作竞争的伙伴，一起学习、探讨问题或者完成某项任务。 作为正处于成长阶段的女孩，需要全方位地锻炼自己的能力，其中就包括和异性相处的能力。

收到了情书

一天，莉莉、菲菲和阿芳这三个女孩又坐到了一起。她们聊天的内容无非是学校里新选的校花是谁，哪个老师的衣服很好看等。但是今天，一向安静的阿芳最先说道：“前几天我翻开语文书的时候，突然看见里面有一封信。我吓了一跳，这是谁的信呢？而且还藏在我的语文书里？我赶快打开了信：‘芳，我知道或许你没有注意到我，但我却一直默默地喜欢着你……’我的脸马上就烫了起来，心里也不免有些激动，脑海中立刻涌现出‘数学神童’姜维那帅气的身影和明亮的双眼。我又该怎么办呢？拒绝他？但这样做会不会伤害到他呢？要是不回绝，可……我们现在还是学生，而且学习的压力还这么大。我要怎么面对这封情书？”说完，阿芳的脸还是红红的。

阿芳说这是她第一次收到情书，她非常意外，自己这么普通的一个女孩，姜维怎么会喜欢自己呢？

青春寄语

女孩被异性仰慕，说明这个女孩是个十分有魅力的人，的确值得高兴，这也会让女孩更加自信。事实上，将这份娇羞放在心底才是最为正确的做法。青春期的女孩正处于知识积累、身体发育的黄金时间，人生观、价值观、世界观等还没有完全形成，缺少一些必要的社会经验。只有树立正确的奋斗目标，将精力和时间投入其中，这才是明智的选择。

理智地对待早恋

菲菲所在的学校每年都要举办一次讲座，这次讲座的主要内容是“要理性地对待早恋问题”。

到了中间的互动环节，有个女孩写纸条问了一个问题：“当我遇到男生向我表白，我该怎么办?”专家回答道：“女孩子收到男孩子的表白，这说明你已经能够引起异性对你的好感和喜爱。首先你一定要向他表示谢意，但是一定要解释清楚，在学生时代谈恋爱会给各自的生活带来许多的不利……”

还有一个女孩失恋了，现在正处于痛苦之中，她也写了张纸条向专家求助。专家说：“早恋一般是不会有结果的，青少年学生没有太多的社会经验，也不知道如何了解他人。随着年龄的增长、社会经验的积累或是生活条件的不断变化，必然会改变自己的择偶标准。因此，学生应该把精力集中到学习上，为自己的美好未来打下一个良好的基础。只有自己成熟了，才可能收获美好的爱情。”

青春寄语

中学时代是为未来打基础的时代，对于每个学生来讲，未来的路还很长很长。学生时代80%的恋爱最后都是没有结果的，只能自酿一杯生活的苦酒。女孩一定要对自己的人生负责，不要过早地摘掉青春的花朵。

把“喜欢”沉淀在心底

虽然菲菲从小到大都没怎么让妈妈担心过，但她也不是一个言听计从逆来顺受的“乖宝宝”，她很有自己的主见。因此，当妈妈看见这张纸条的时候，就开始担心起来。正当妈妈准备找她好好谈谈的时候，没想到菲菲主动先和妈妈坦白了。

“在他向我表白之前，我还可以把我自己的心思全部放在学习上，一门心思想要考上一所好学校。但是现在不一样了，只要那个男生从我身边走过，尽管我没有特意去看他，但我浑身上下的注意力也都集中在他那里了。早上临出门之前，我总是会暗下决心不能分心，但是一到教室，我就会不由自主地看看他到没有。有一天，他过来问我想不想去春游，我想去，但最后还是拒绝了。有的时候我会思考，人长大了好不好？做事情的时候反而不如小时候用心了，作业写着写着都会突然哭起来。事实上，我觉得这个男生很优秀，所以每当他和别的女孩交谈的时候，我就会感到一阵忧伤。我都怀疑自己是不是喜欢上他了。我应该对他说明吗？虽然我知道现在不可以谈恋爱，但是妈妈，我该怎么办呢？”

妈妈听完了菲菲的心声，感到一丝欣慰，她的确把自己当成了她的好朋友。

青春寄语

青春期这个阶段的女孩应当以学业为重，应该把对异性的喜欢深埋在心中，把这种好感转化为同学之间的相互尊重、相互鼓励、相互带动和相互学习。同时，处于青春期的女孩子们应当自持自重，一定要树立自爱、自重、自强、自主的人生观念。

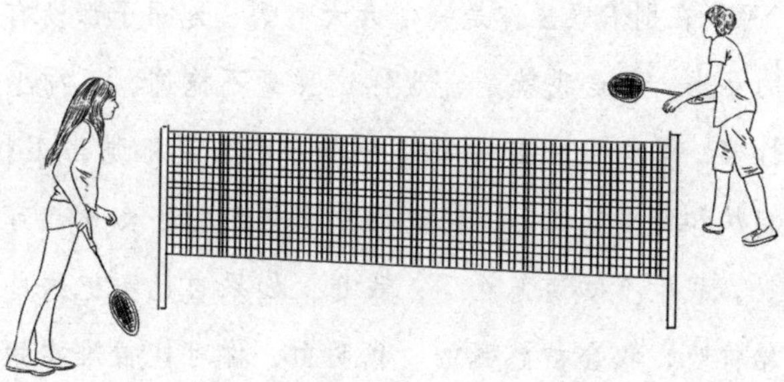

不伤感情地拒绝对方

莉莉一直认为，与那个跟自己很好的铁哥们儿做朋友挺好的。但是在暑假的一个晚上，那个男生在网上给她写了一封情书，足足有好几千字，大概的意思是说："可能在别人眼里你是一个大大咧咧、连裙子都没有穿过的女生，但是我就是喜欢你这种毫不掩饰、不拘小节的性格，与你在一起的每一分每一秒，我都觉得很快乐。自从和你接触之后，我觉得你比任何一个女孩都可爱善良，我也不知道怎么了，我想，如果自己不把这些话说给你听，我会被憋死的。我明白，你可能很难在短时间内接受我的心意，但请你一定要好好地考虑一下。"

莉莉把这封情书给菲菲看的时候，菲菲乐了半天。莉莉对菲菲说："这件事情只有你知道，千万别告诉别人啊。你说我应该怎么办呢？"莉莉显得十分苦恼。

"看来你们两个的朋友关系要没戏了，那你就接受他吧。"

“你是在开玩笑吧，这时候还要拿我寻开心。我爸爸妈妈还不知道这件事情呢，要是让他们知道了，我不是完蛋了吗?”

“要拒绝他是肯定的，可是你一定要婉转地拒绝他，毕竟你们的关系这么好，他人又很明事理。你要是这么直截了当就拒绝他了，你们一定连朋友都做不了了。”

“是啊，我最担心的也是这个，他经常帮我，我打心眼里把他当成好朋友，我该怎么办呢?”

“那就写封拒绝的信，但是一定要注意语气，态度要坚定一些。”

“对啊，这样最好了，还能避免见面的尴尬。但是你也知道，我文笔这么差劲，应该怎么写呢?”

“拿支笔，有我在，你还担心什么？一定帮你搞定。”菲菲拍着胸脯保证。

青春寄语

拒绝别人是一件不容易的事情，一定要选择正确的时间和方法：

(1)态度要坚决，不能犹犹豫豫

拒绝会给对方造成一种难以避免的伤害，但一定不能徘徊不定，因为这样会造成更大的伤害，对双方都不好。 拒绝时态度应该坚决，不留有任何希望才能让对方知难而退。

(2)学会不伤害对方自尊地回绝对方

先赞许一下对方的人品和才华等，并且说明自己不能接受他的原因，要有理有据，最好能够为对方着想，这会让对方觉得你这么做是为了他好。

(3)要选择合适的方式

应该考虑到双方的关系和性格，再以冷处理、面谈，或是书信的方式加以回绝。 千万不要采取托人转告的方式，更不要在公共场合谈论，这不仅是对对方的不尊重，还有可能招惹不必要的麻烦。

PART 5

修炼内在，有气质的女孩最美丽

什么是真正的酷

霜儿今年刚刚考上重点中学，最初的激动还没有消退，她就发现在这所学校里，虽然老师把关很严，而且是封闭式管理，但总是有同学能够“为所欲为”，专门做一些和老师要求相反的事。

刚开始的时候，霜儿觉得这样的同学都是坏学生，虽然他们进了重点中学，但将来肯定不会考上什么好大学。于是霜儿暗下决心，要努力学习，不但要做一名好学生，更要考上名牌大学，让父母以自己为傲。

可是后来发生了一件事，让霜儿改变了自己的看法。

霜儿有一个十分要好的朋友，是班里的学习委员喵喵。喵喵不但学习成绩好，而且人缘也好，同学们都喜欢她。两个人经常一起学习、逛街、说心里话。可有一次，霜儿发现喵喵身上有股奇怪的味道，仔细想了想，就是香烟的味道。于是霜儿就问喵喵怎么回事，没想到喵喵神秘地一笑，把霜儿拉到没人的地方，悄悄地告诉她，自己吸烟。

这个消息让霜儿大吃一惊，她真没想到老师最喜欢的好学生竟然吸烟！这让霜儿觉得不可思议。

可喵喵却像没事似的说：“这有什么啊，我觉得吸烟挺好的，感觉酷酷的，要不你也试试？其实挺好玩的，我只是偶尔才抽一支，反正也没什么，就是觉得挺有意思的。”

后来，霜儿发现喵喵的秘密还不止这些：喵喵还经常去酒吧，心情不好的时候就去喝点酒。这让霜儿对她“刮目相看”了。霜儿内心也充满了疑惑：喵喵既吸烟又喝酒，可她在同学眼中仍然是好学生，看来吸烟喝酒的学生不一定就是坏学生啊。

在喵喵的一番怂恿下，霜儿也动了心思，尤其是看到喵喵用两根纤细的手指夹着香烟时的样子，她真有点想试试的冲动。可一想到妈妈如果看到自己这样会生气，霜儿就犹豫了。吸烟喝酒到底酷不酷，要不要去尝试一下呢？

青春寄语

究竟什么是“酷”呢？ 其实，“酷”很简单，就是有个性，而且是健康向上的个性，而不是用外在的行动装出来的。真正的“酷”是通过性格的完美塑造并且在一点一滴的行动中体现出来的，不是用一时吸引别人眼球的方法做出来和装出来的。 所以，女孩们想让自己真正地“酷”起来，就要塑造良好的性格，而不是损害自己健康，做那些诸如吸烟喝酒的傻事。 这一点，女孩一定要切记。

我有我的气质

若若要和朋友一起出去游玩，需要穿什么衣服呢？若若觉得有点为难，因为今年流行的元素是蕾丝花边，可是她却连一件带蕾丝的衣服都没有。要是大家合影，自己该有多难看啊。

晚上7点钟了，若若给自己做了很久的心理工作，可还是说服不了自己放弃买新衣服的念头，只好跑到妈妈那里去："妈妈，现在服装店还没有关门，我们现在出去吧，给我买件蕾丝花边的衬衣可以吗？我希望明天能够穿新衣服……"

"若若，你明天一大早就要出发，现在你要做的就是好好地休息啊。假如现在匆匆忙忙地去买，也许并不能够买到让你心仪的啊。"妈妈安慰她道，"你那件格子的衬衣也挺好看的啊，干吗一定要买新衣服呢？"

"大家都有蕾丝花边的衬衣，就我没有，照相的话，我肯定是最难看的。"若若不高兴地说道。

"哈，原来是因为这个啊，为什么要和别人穿一样的衣服呢？干吗不突出你自己的个性呢?"妈妈开导她说道，"我来给你讲一个故事吧。"

"彭倚云是一个身在英国的中国姑娘。她到牛津大学去面试，不施脂粉，穿着最朴素的衣服，留着最中规中矩的头发，也没有戴任何首饰。其他人劝她：你这是去考'牛津'，这可是世界上数一数二的贵族学校，而且你还要接受世界著名教授的面试啊，这副模样能给别人留下好印象吗?

"'我就是我！我本来就很朴素，为何要显示出别人的样子啊?'彭倚云的自信让周围的同学觉得她说得很对。

"经过了烦琐的面试以后，校方宣布她可以做阿加尔教授的博士研究生，并且获得里弗斯1985—1988年度的奖学金。正是因为她的朴素和清新的装扮，让教授认为她是一个有独立想法的学生。

"若若，每个人都有自己独一无二的气质，流行的不一定是最好的。我们没必要为了迎合潮流而忘记了自己的个性，是不是?"

听了妈妈的这番话以后，若若心中豁然开朗："嗯，我明天还是穿原来那件格子衬衣吧，那件衣服其实质感很好，我还是很喜欢它的。"

说完，若若高高兴兴地继续收拾东西去了。

青春寄语

每个人都有自己的独特魅力，不管是着装打扮、思维还是为人处世，都要有个性。正是因为这种不同的个性，才使每个女孩都绽放出独特的美。所以，每一个女孩都需要保持自己的本色。

世界上最珍贵的东西，都是不可模仿的，一定要尊重自己的个性，坚持自己的个性，相信自己一定会在青春的花园里面绽放属于自己的光彩！

形象得体很重要

“霜霜，你头发太脏了，该洗洗了。”妈妈提醒霜霜。

霜霜看了看镜子，心想，没事，还能再坚持一天，便乐呵呵地对妈妈说：“我还可以再忍一天，等明天再洗吧。”

妈妈很无奈地说：“咳！真拿你这孩子没办法。”

兰兰看到了霜霜的头发说道：“霜霜，你头发上都是油啊，还是快点回家洗一洗吧，都快能炒菜了。哈哈哈哈。”

兰兰的这张嘴真是很让人讨厌啊，霜霜心想今天晚上说什么都要洗头。

有时候，霜霜觉得妈妈说话前后矛盾。妈妈会说：“女孩一定要培养自己的内在美，不要太过于注重自己的外在。”霜霜觉得这话很有道理，就不怎么重视自己的外在了。但是妈妈又说：“霜霜你这个小脏孩，一点形象都没有了，这怎么行！”

霜霜奇怪了，怎么总是自己的错啊！

青春寄语

每个人都有着自己独一无二的形象，都具有独一无二的影响力。所以，形象是我们的代名词，是向别人介绍自己的名片。别人通过形象认识我们，而这个形象又能影响他们对我们的态度。

假设我们能够认真树立好自己的形象，那么便会给自己树立很好的口碑，能够让我们在充满挑战的人生道路上从容行进。

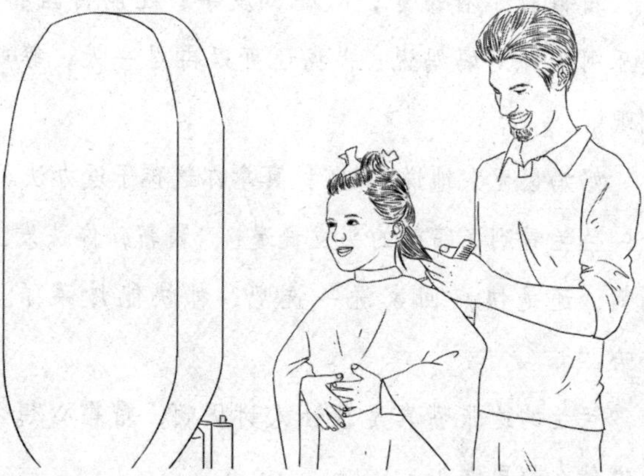

仪态显现内在气质

“哇！总算有饭吃了，饿死我了。”安安和自己的小伙伴在外面疯玩了一天，终于找到了一家很小的餐馆，尽管这样也把安安乐坏了。

菜一上来，安安便毫无形象、大口大口地吞着食物，看着她这个样子，原本感觉不饿的朋友们也被她勾起了食欲。

安安吃饭的样子很香，还不时地发出“吧唧吧唧”的声音，周围的几个人都齐刷刷地看着她。

可能是由于吃得太过于投入，安安没有发现周围的人正在看着自己。过了一会儿，她好不容易抬起头抹抹嘴巴，才发现很多双眼睛在看自己，她感到有点诧异：“你们快吃饭啊，怎么都在看我，我很好看吗？”

柔柔先说话了：“安安，你有没有发现自己一直发出‘吧唧吧唧’的声响，你自己没有意识到吗？真是一点淑女形象都没有。”

安安大大咧咧地说道：“我本来也不是什么淑女，干吗装斯文啊?”

柔柔说道:“你听听你吃饭的声音,简直像一头小猪啊。”

安安一下子便乐了:“呵呵,在家的时候爸妈也这么说我。”

青春寄语

大哲学家培根曾经说过:“形体的美要胜过颜色的美,但是优雅的形态又胜过形体的美。”

一个仪态优雅的女孩应该有协调的肢体,得体的举止,大方而又不失漂亮的装扮,甜美的笑容。这样,即使相貌平平,也会给他人留下一个美好的印象。

所以说,一个受人喜欢的女孩,并不是因为拥有美丽的外貌,而是因为拥有优雅的内在气质。

拥有属于自己的魅力

婷婷身边的朋友，个个都有自己的独特气质和招牌形象。

黛黛——

招牌形象：大大咧咧。

招牌口头禅：“哎呀！我不满意你这样做。”

招牌心态：不必什么事情都太计较，就是图个乐呵。

媛媛——

招牌形象：善解人意。

招牌口头禅：“你好我便好。”

招牌心态：不要麻烦他人。

婷婷觉得自己也应该有不同于别人的一面。

女孩子只要有属于自己的招牌气质，便会引起别人的关注。

青春寄语

女孩到底需要什么气质呢？

(1)人格之美

女性气质的魅力是从人格最深处散发出来的美，自信、自爱、真诚、善良、富有同情心，这些都属于美好的品格。女孩应该努力培养自己的这些品格。

(2)温柔的力量

谈起温柔，人们自然会想到圣母的画像，想到她神圣而又纯洁的笑容。这微笑向人们展现了她的善良和博爱，这让她温柔的美丽持久存在。由此可见，温柔具有强大的力量。

(3)腹有诗书气自华

修养和知识可以提升一个人的魅力，也会给女孩增添文化素养。学识和智慧是一个人的支柱，这个支柱可以弥补容貌上的欠缺。

(4)可贵的坚韧

温柔并不是要求女孩子一味地顺从、撒娇、依赖，现代女性同样需要自主、自强、独立。独立是一种坚韧的品质，是一种意志上的自我坚持和克制力，也是一种不屑流于世俗的理性情感。那些无事生非、毫无主张的女孩子，即使长得再漂亮，可能也不会有人喜欢。

PART 6

塑造好心态，做阳光美少女

天生我材必有用

考试的成绩公布了，竹君只听见馨馨在那里怨天尤人：“太倒霉了，我赶上的是B卷，如果是A卷的话，成绩肯定会不一样的。真是的，那个B卷上都是些我不会做的题目啊，怎么会分A、B卷呢？这样太不公平了，名次根本就没法说明任何问题，大家做的题都不一样……”为了有效防止考试作弊，老师将试卷分成了两份，这样一来，挨着坐的同学就无法互相抄袭了，巧妙地保证了试卷分数的真实性。

就是这样的一个制度引来了馨馨的抱怨，她赶上了B卷，上面都是她不会做的题目，这使她大为恼怒。

竹君放学回到家，和妈妈在无意间谈起了这件事情，妈妈微笑着问竹君：“如果是你，你会有什么看法呢？会不会和馨馨一样呢？”

“我不会和她一样的，只要复习全面，不管考任何题目，都不会难倒我的。”竹君信心满满地说道。

“竹君说得很好。”妈妈赞赏地说道，“这种随机性考试，每个人都很难预料到会有什么样的题出现，因此不可以有任何的侥幸心理。我们能做的就是认认真真地将知识点都弄熟，以不变应万变。怎么能将希望寄托在老师出的题目上呢?”

听到妈妈这样的开导，竹君觉得馨馨的做法太不正确了，本来就是自己复习不全面，怎么能责怪老师出的题目不符合自己的要求呢?

妈妈接着说：“不管面临什么情况，都没有绝对的公平。虽然分了A、B卷，但难易程度应该不会差得太多。外在条件无法改变，最佳的办法就是做好自己。”

青春寄语

世上没有绝对的公平，若是一直埋怨一切不公平的话，那么什么事情都无法做好。要找到自己的位置，相信就算自己是一块卑微的石头，也总会有发光发亮的那一天。只要有足够的毅力和信心，并且坚信“天生我材必有用”，就一定能获得成功。

走出忧虑的人生

小婉在桌子上看见了妈妈新买的书《快乐的城堡》，不禁暗暗笑了起来。近来妈妈越来越有小资的样子了，现在开始看起了这种书。

“妈妈，这是你新买的书吗?”小婉向妈妈询问道。

“是啊，这书写得特别好，妈妈想让你也认真地看一看。”妈妈对小婉说道，“这本书的作者，以前也是一个对前途感到很迷茫的人，后来她改变了之前的错误想法，使自己变得阳光快乐起来。”

妈妈又给小婉讲了一个故事：

在美国，一个叫塞尔玛的女士内心总是阴雨天。为什么呢？因为她跟着丈夫从军。她跟着部队驻扎在沙漠地带，住的是铁皮房，与周围的印第安人、墨西哥人沟通上又有障碍。并且当地的气温很高，更令人难以接受的是后来她丈夫远征，只留下她孤零零的一人，因此她整天烦恼痛苦，觉得日子很难熬。这可怎么办呢？无奈之下，她只好给父母写信，表达她想回家的念头。

盼望已久的回信总算来到了，她急忙拆开信，内容却令她大失所望。父母不但没有任何的安慰，也没有表达出要她回家的意思。那封信只是一张简单的薄纸，上面只有寥寥几行字：“两个人都从监狱的换气窗往外看，一个看到的是黑暗的天空，另一个看到的是闪闪发亮的星星。”

她反复地读，反复地看，想弄明白父母想要传达给自己的究竟是什么含义。总算有一天，一道耀眼的光芒从她头顶透过，也照到了她的心里。这道光芒终于将她眼前的黑暗驱散了，她感到异常兴奋，从未舒展的眉头也总算舒展开了。就在简简单单的几行字中，她发现了自己过去的问题所在：她以前的习惯总是低着头，因此看见的都是水泥。但是抬起头来会怎么样呢？抬头看，便可以看见天上的星星！而生活中不一定只看到泥土，也会看到星星！自己为什么不去欣赏星星，不去好好享受外面星光闪闪的世界呢？

她在这么想的同时，也付诸行动了。她开始主动和印第安人、墨西哥人交朋友，这样做收到了很好的效果。他们都特别好客、友好，还送给了她很多珍贵的陶器和纺织品作为礼物。她也开始对沙漠里生长的仙人掌产生了浓厚的兴趣，并开始了研究。她边做研究边做笔记，没想到仙人掌也可以是那样的千姿百态、那样的令人着迷和沉醉。她开始沉醉于沙漠的日落日出，她注意到了沙漠中的海市蜃楼，她享受着重生般的新生活。没想到的是，她真的看到了星星，真正地注意到了星空很美。她觉得生活中的一切都发生了变化，每天的生活都像是沐浴着阳光，每天都好像活在快乐中。后来，她根据经历写了一本书，叫《快乐的城堡》，引起了巨大的轰动。

“这本书的作者竟然曾经经历过这么多，听着很让人羡慕呢。”小婉对妈妈说道，“若是她没有得到父母的启示，生活肯定会是另一种样子，会跟后来的生活截然不同。”

“对啊。”妈妈对她说，“若想走出忧虑的人生，就必须用积极乐观的态度去对待生活。”

青春寄语

卡耐基警告人们，一定要在忧虑毁掉你之前，努力地克服忧虑。他给人们列出了下面的这些方法：

(1)让自己没有停下来的时间。忧虑的人一定要在自己的工作中埋头苦干，否则就会在那个泥潭里越陷越深。

(2)不要让自己的生活围绕在琐碎小事的周边，要谨记：“生命太短暂了，不要为小事而烦心。”

(3)看一下曾经的记录，告诉自己，我现在想的、担心的问题，可能发生的概率有多少呢？

(4)对不可避免的情况尽力地适应。

从这一刻开始，摆脱一切烦恼，做个快乐的人，开始用心经营自己未来的灿烂生活。

让自己成为“乐天派”

刘燕学习成绩很棒，人缘也很好，许多同学都非常羡慕。有一天，刘燕的同学去老师办公室，听到了老师这样一番话：“刘燕真是只快乐的小燕子，歌不离口，笑容时时刻刻都挂在脸上。不管做什么事都是开开心心的，每次看到她都觉得心情特别愉快。”这个同学终于明白了为什么刘燕能得到老师的器重、同学们的爱戴，原来乐观豁达的性格起了很大的作用。

知女莫若母，刘燕的妈妈也曾经乐呵呵地告诉大家：“刘燕最大的优点就是乐观，遇到什么困难都不怕，总是乐观积极地去面对，才有今天的好成绩。”也正是由于这个原因，刘燕不但学习成绩优异，而且其他方面的能力也很出色。她自己还戏称，所有的成绩都源于“我是个乐天派”。

青春寄语

如何培养自己的乐观心态呢？ 可从以下三个方面入手：

（1）感受到父母的爱

随时从父母那里得到坚定支持的女孩，会认为生活可以信赖，人生充满机会。即使生活中偶然出现艰难、失望的境遇，她们仍然能够对生活保持积极的态度。

（2）对自己说“你能做好”

乐观的女孩，总是觉得自己能够驾驭生活，能够克服学习中的困难，能够摆脱人生中的痛苦。要树立切合实际的期望目标，并且清楚自己要怎样做才能实现那个目标。

（3）利用小伙伴的影响力

这种方法的诀窍，在于利用女孩的攀比心理，以此激发自己的上进心，并弥补自己性格上的不足。

有一颗宽容之心

在德国，有一个叫雪丽的女孩。有一次，她在自己的生日晚会上因为一点小事而遭到好友梅尔的抢白，雪丽感到大丢面子，因此一种试图报复的心理涌上心头。晚上回到家后，她就把生日晚会上发生的事情与自己的想法告诉了妈妈。妈妈听了她的话后，没有说女儿这样做是对还是错，只是对女儿说，报复根本就不能解决问题，建议她去了解一下好友为什么对她出言不逊。在妈妈的劝说之下，雪丽通过和梅尔谈心了解到：当时梅尔喂养的小兔子突然死去，她心情十分沮丧，所以难免出言不当。雪丽和梅尔经过一番谈心之后，知道了原因，原谅了梅尔，两个小伙伴的友谊更深厚了。

青春寄语

女孩应如何培养自己的宽容品质呢?

(1)通过故事学习宽容

国内外有许多关于宽容的小故事。 如我国历史典故“负荆请罪”：将军廉颇屡建战功，不服蔺相如以口舌之利居上位，欲加凌辱。蔺相如以国家利益为重，屡次忍辱避让。廉颇知道事情的原委后，深感惭愧，于是，背负荆条，上门请罪，并感叹道：“鄙贱之人，不知将军宽之至此也。”两人终成刎颈之交。蔺相如的宽容避免了内讧，换来了友谊，维护了国家的利益。

(2)用自然景观陶冶情操

大自然的博大与雄厚可使人心胸开阔，性格开朗，心情愉悦，进而产生宽容之心。游览祖国的大好河山，让浩渺的海洋、奔腾的河流、秀丽的湖光山色陶冶自己的心灵，开阔自己的视野和胸襟。

(3)在交往活动中学会宽容

要学会用宽容的态度对待比自己强的同学、比自己差的同学以及竞争对手。不嫉妒比自己强的同学，不嘲弄比自己差的同学，不故意为难自己的竞争对手，向好同学学习，帮助比自己差的同学，学会与竞争对手合作。

(4)女孩应习惯于“变化”

宽容不仅体现在对“人”的态度上，也表现在对“物”和“事”的态度上。因此，要见识多种新生事物，喜欢并乐意接受新生事物，习惯于事物发生的变化，乐于创新。如观察生活中日新月异的变化，独辟蹊径地解决问题。一旦习惯于“变化”，也就能“包容”新生事物和事物的变化。

别让虚荣迷失了纯真的本性

童昊出生在并不富裕的家庭，妈妈下岗后做点儿小生意补贴家用。虽然家庭条件不好，但父母总是省吃俭用，从不让童昊在吃穿上受委屈，别的女孩有的，童昊也会有，而且对童昊提出的要求父母也从不拒绝。童昊在小伙伴中算是很气派的一个，她感到很满足。从小学到初中，童昊的学习成绩一直很好，在父母和老师的眼里，她始终是一个好学生。

但是自从上了市里的高中，情况发生了很大的变化。高中同学和她以前的同学相比，家庭条件不一样。高中同学的父母都是高收入者，她们花钱如流水，穿的用的都是名牌。相比之下，童昊显得非常寒酸，以前的优越感再也没有了。由此，童昊产生了严重的心理失衡，她不甘心落于人后，于是每次回家都向妈妈要很多钱，和同学们比吃比穿以满足自己的虚荣心。起初，妈妈总是大方地给她，但后来实在承受不了，几次都拒绝了她。

童昊见妈妈这个经济来源断了之后，就动了邪念："别人有的我为什么不能有？这不公平。"在这种想法的驱使下，童昊开始偷同学的钱，几次偷盗都没被发现，更增加了她的侥幸心理。在金钱的诱惑之下，她越陷越深，还伙同另一同学作案，最后被公安机关抓获，受到了法律的制裁。

青春寄语

爱慕虚荣对女孩来说无疑是一种可怕的心理。

拥有名牌并不意味着就拥有了较高的地位，只有依靠自己的能力取得成功，才能获得别人的尊重和认可。应该根据自己的需要来购买东西，而不是为了同他人攀比，买自己不需要的东西。要学会科学、理性地消费。

懂得放下，才有新的开始

妈妈在花市买了一盆蝴蝶兰，非常好看，在阳台众多的花花草草中，蝴蝶兰显得很挺拔。那朵粉色的花，在远处猛地一看，特别像一只花蝴蝶。小夏和妈妈都非常地喜爱它。

一天妈妈有事外出，临走时特意嘱咐小夏："小夏，昨天天气预报说今天有雨。要是变天了，你一定要将阳台的蝴蝶兰搬到屋子里。"

"没问题，放心吧。"小夏信心十足地和妈妈保证。

妈妈走了以后，就剩下小夏一人。她自己一个人安安静静地在屋子里写作业，由于太专注，外面刮起狂风她居然毫不知情。当小夏完成了作业，伸个懒腰的时候，突然注意到天空灰蒙蒙的，看样子是要下雨了。

小夏的第一反应就是赶紧将蝴蝶兰搬进来，当她急匆匆跑去阳台时，发现那盆花已经不见了。到哪里去了呢？小夏从楼上往下看，那盆花已经被风吹到了楼下，摔了个粉身碎骨。这下惨了，如何跟妈妈交代呢？小夏不知所措了，那盆花可是非常昂贵的。

晚上妈妈到家以后，小夏将这件事情对妈妈讲了一遍，做好了挨骂的思想准备。

“掉楼下去了，没有砸伤人吧？”妈妈很担心地问道。

“没有没有，就是摔碎了。”小夏嘟囔着。

妈妈看见小夏十分难过的样子，安慰她说：“以后可一定要小心啊，既然摔坏了就摔坏了吧，没事的。”

“妈妈，你难道不生气吗？”小夏小心地问道。

“我为什么要生气啊，买花就是为了观赏，为了陶冶情操。有什么理由因为这个而生气呢？以后做事不能这么马虎了，明白吗？”妈妈安慰着小夏。

“嗯，我以后一定会将花照顾得很好。”小夏坚定地保证绝对不会再有失误。

青春寄语

很多人对已经发生的事感到后悔，从某种意义上说，这其实也挺好的，可以从中吸取教训，避免重蹈覆辙，但是不要一直不停地悔恨感伤，一蹶不振。 事情一旦发生了，就不能够挽回，只有懂得放下，才会有新的开始。

犹太人有这样一句古老的名言：“对于必然的事情，要坦然接受。”在充满未知数的世界里，这句话对女孩来说非常重要。 要接受不可能改变或想逃避的事情，之后用一种轻松乐观的态度生活下去。

PART 7

培养品质，好女孩有颗钻石般的心

从感谢父母做起

一天晚上，琳琳与妈妈拌嘴了，一气之下就冲出门外。不过，她发现自己身无分文，连电话都没法打。

她继续往前走，但是肚子却越来越饿，这时她看到了一家面摊，那里的馄饨可诱人了！但是，她没钱啊！琳琳在面摊旁边站了很久就是舍不得离开，老板终于注意到了她，就问："小姑娘，要来碗面吗？很好吃的。"

"我想……不过我没有钱。"琳琳怯怯地说道。

老板慷慨地说："不碍事，这本来也没多少钱，不如我请你吧，喜欢吃馄饨吗？"

"嗯，太感谢了！"琳琳实在是饿得眼冒金星了。

没过多久，老板就做好了馄饨送来，还加了点小菜。小琳琳吃后忍不住哭了起来。

"小姑娘，为什么哭呀？"老板问道。

"没什么，我只是太感动了！"琳琳抹着泪珠子，对老板说，"我与您素不相识，您只是看到我遇到了困难，也不要我的钱还亲自煮馄饨给我吃！我只不过跟我妈拌了两句嘴，她居然将我逐出家门，而且根本就没有让我回家的意思……”

老板听了，耐心地开导说：“小姑娘，事情不是这么看的呀！你要知道，我仅仅是给了你一顿饭吃，你就感动成这样，但是你妈呢？她为你做的可比煮馄饨要多得多了呀，你难道一点都没有感动吗？还要跟她拌嘴，于心何忍啊？”

琳琳听了这话，立刻惊呆了！“不错！陌生人给我一碗馄饨的恩惠，我都可以感动落泪，而妈妈一天天地养育我，做的事情比煮一碗馄饨多得多了，我怎能再去惹她生气难过呢？再说，我们仅仅由于一丁点小事，就吵得不可开交，闹成这样，唉……”

琳琳匆匆吃完馄饨，回家了。当她快要走到家门口的时候，看到的不是别人，正是妈妈，她正在四处张望，心急如焚……

青春寄语

我们周围有很多朋友，大家想要一起出去玩或者一起开派对，一起出去学习、唱歌、旅游、健身……可是每当我们出门以后，身在家中的父母无时无刻不在挂念着我们，为我们担心，但是我们可曾为他们着想？为他们担心？

中国有句古话：“树欲静而风不止，子欲养而亲不待。”时间像流水，来去匆匆，求学时，每个人每天都像一只旋转的陀螺，忙于学习、忙于交友……好不容易长大了，接着忙事业，直到有能力留出时间来陪伴双亲的时候，才发现双亲早已头发斑白，步履维艰，甚至可能已经不在这世界上了。

其实，父母对子女并没有太多的要求，他们只求子女能够平安、健康。

做品行宽厚的女孩

“欣欣，你今天到得真早。”一位同学和欣欣打招呼。

“嗯，我可是值日生呀。”欣欣说了一句。

同欣欣一组的那个值日生，从这学期开始就没见过她干过什么活，原本两人一组的，现在却变成了欣欣单打独斗。而且，她总是把时间计算得很准，欣欣一个人好做歹做快要完成任务的时候，她才来，之后再对欣欣说道：“呀，你来得可够早的，你看活都让你干完了。这样，以后我肯定会一起过来做的。”

可是一个学期了，也没见她哪次早来过，这样的人真是够讨厌的，也难怪欣欣不喜欢她。

那天体育课，测试800米长跑。

“这里有个女生晕倒了！”一位同学惊呼着。话音未落，就看到有人软绵绵地瘫倒在地。大家呼啦一下围了过去，走近一看才发现，晕倒的正是那个不讨人喜欢的女生。

其实，那女生晕倒是低血糖引起的，最简单、效果最明显的办法就是给她一颗糖。

“我这里有糖。”欣欣在身上翻找着，翻出了两粒话梅糖。

吃过糖以后，那个女生渐渐缓了过来，多亏欣欣的帮忙。

就是从那一天开始，欣欣看到了一些变化——值日的时候，不再是自己一个人了。

青春寄语

人生正如一片原野，成功和仇恨都能在上面生长。但是一定要记住，千万别撒下仇恨的种子。数不胜数的事例也说明，无论是什么理由，都不应该让自己的心中充满怨恨。如果让仇恨长时间留在心灵原野上，将会造成严重的后果，它们会破坏掉生活里那些美好的东西，让你深陷痛苦之中不能自拔。怨恨就像毒药一样，侵蚀着我们的心灵，影响着我们的整个人生。

因此，不管面对的是多么不堪的情景，一定要记住：不要总是仇恨他人，那些困境都只是生命阳光下的阴影。为什么不能够把怨恨化为宽容，让自己活得更开心、更放松呢？

学会谦让、礼让和忍让

这天是姗姗的生日，姗姗十分开心，在她看来，这个生日那可真叫“望穿秋水”。也正是因为等这一天等得这么辛苦，姗姗决定要给自己好好庆祝一下，打算把跟自己交情比较深的玩伴们叫来一起参加派对。

到了吃蛋糕的时候，姗姗突然发现分蛋糕成了一个难题。她准备了4个蛋糕，但4个蛋糕大小不同，价格也各有高低。怎么分呢？这可难住了小寿星。

“真是的，买的时候疏忽了，这几个蛋糕口味不同，造型也不一样。这样吧，我们每个人挑一个好了。”

朋友之间免不了要推让。

“你们想吃什么自己拿，别客气！剩下那个就是我的了。”姗姗说。

“那个奶油最多的看起来好好吃哦，真不好意思呀，这个就归我了。”一个同学说着就把那个看起来最便宜的选去了。

由于每个人都很客气，想要把好的让给别人，所以当时气氛反而变得很好。最后，那块最贵的蛋糕进了姗姗的肚子里，这让她有些过意不去呢。

青春寄语

生活中，有些女孩没办法感受到朋友在一起的那种愉快，因此丢失了许多生命中的乐趣，甚至逐渐变得孤僻起来，很难跟他人打成一片。其实，她们内心何尝想变成这样，她们也常想：“唉！要是我可以结交到更多的好朋友，那该有多好啊！要是我能像有些人那样，大家都喜欢跟我在一起，每天呼朋引伴的，那该有多好啊！”她们并不清楚，自己之所以会有这样的苦恼，很可能是因为自己过分挑剔朋友。

一个心胸豁达的人，更容易指出别人好的地方。相反，心胸狭窄之人，往往看到的都是不好的一面。这样片面地看别人，自己的心理也会出现问题，永远也不会看到他人的长处。

试着独立

小文已经上初三了，可是总像小时候一样，喜欢和妈妈一起睡，不和妈妈一起睡就睡不着。小文心里也很着急，希望自己能够独立，不再凡事都依靠父母，可自己就是做不到。很多时候小文就想，如果自己离开了父母，到另外一个地方生活，是不是会好点呢？

同学说小文有恋母情结，但小文觉得爱自己的妈妈没有什么不对，和自己的妈妈在一起又有什么不好呢？所以，她从没把同学的话当回事。可后来发生的一件事，让小文发现了自己的问题。

一次，学校组织夏令营，要求每个同学都参加，需要到野外住3晚。同学们听到这个消息后都十分兴奋，高兴得就像即将要飞出笼子的小鸟。只有小文坐在角落里，默默地不吱声，心里想：要待3天啊，妈妈能不能去呢？如果她不去，我该怎么办？

夏令营开始了，同学们都在野外尽情地玩耍，小文闷闷不乐地坐在草地上发呆。同桌看见她这个样子就问她怎么了，小文说想妈妈，没有妈妈睡不着觉。小文的话让同桌很吃惊，于是同桌就对小文说：“你都这么大了，还这么依恋妈妈，以后怎么办啊？你也不能一辈子都靠妈妈生活吧?”

是呀，同桌的话说得很对。可自从记事起，小文就生活在妈妈的怀抱里，什么事都是妈妈帮她做，就连一向粗心的爸爸也将小文照顾得无微不至。小文听妈妈说自己小时候得过一场大病，所以爸爸妈妈特别疼爱自己，觉得什么事都应该为自己做好才行。而小文也习惯了这样的生活，只要有什么事就向爸爸妈妈求助，所以离开了他们，小文真的不知道该怎么办。

小文觉得同桌的一番话很有道理，自己已经长大了，不能总依靠父母，应该独立了。可自己每天都生活在父母的庇护下，应该怎么办呢?

青春寄语

调查表明，独生子女如果从小依赖父母，长大之后的生活能力会低很多。因为他们从小到大都依赖父母，而父母对这样的孩子也不敢放手，最后导致孩子虽都已经成年，却没有自己的主见，什么事都要依靠别人。可见，学会远离父母的庇护而尽早地独立起来，对于青春期女孩来说是多么重要。

那么，应该怎么摆脱对父母的依赖，健康地成长呢?

要学会自己的事情自己做。这些事情包括自己生活起居的方方面面。自己的事情自己处理，遇到问题尽量自己解决，如果实在解决不了再找父母商量。 或者可以自己先想好一个解决办法，然后再和父母讨论自己的办法是否合适。

有时候，父母站在成年人的立场上考虑问题，可能会让女孩难以接受，于是女孩就会觉得自己和父母之间有了代沟，甚至为此和父母发生争执，在思想上形成对立。 其实，父母这么做是希望自己的孩子少走些弯路，但可能用了很强硬的方式。 这时，只要多和父母沟通，就会得到父母的支持。 青春期女孩就是在这样的矛盾中成长并慢慢趋于成熟的。

不再让坏习惯如影随形

默默只要坐在凳子上，便会抖腿。

妈妈看到后，严厉地批评她说：“默默，女孩子一定要有女孩子的样子，怎么能抖腿呢？”

之后，妈妈再看见默默抖腿，就会用手去敲默默的腿以提醒她。

在妈妈的帮助下，默默这个坏习惯终于改了过来。

现在默默长大了，有时候看到身边的女孩抖腿，就会觉得没有教养，心里不禁感激妈妈当时对自己的严格要求。

如果不是妈妈，默默的形象气质一定会大打折扣。

其实，远离坏习惯并没有那么难，关键是要在坏习惯形成之初就把它消灭掉，这是最简单也最有成效的方法。

默默最近发现好朋友小俊开始迷上了吸烟。刚开始，小俊用话梅条来模仿，后来居然吸了真的香烟。

默默觉得小俊吸烟的样子实在不好看，小俊也知道自己这样不好，但是她说："就算我想改，现在也改不了了。还是就这样算了吧。"

默默很想帮助好朋友改掉这个坏习惯，她想起了小时候妈妈帮她改毛病的情景。

于是，默默只要一看到小俊点烟，就一把抢掉她手中的打火机，跟她说："不许点，忍一忍就改掉了。"

总之，和默默在一起的时候，小俊是不可能吸烟的。

后来，小俊改掉了吸烟的坏毛病。她说："我以前就是觉得吸烟的样子很帅，但仔细想一想也不帅。现在我是彻底没有兴趣了。"听了小俊的话，默默心里的石头总算是落了地。

青春寄语

如果不想让坏习惯一直跟随着自己，可以从以下几个方面着手：

(1)用好习惯代替坏习惯

如果想要和坏习惯彻底告别，就需要找到一种同样能让自己感到满意的好习惯来取代它。

(2)一定要寻求支持

许多摆脱了不良习惯的人体会到，别人对自己的支持十分重要，是防止坏习惯复发的有效手段。

(3)自我奖励

每每取得一个小的成功，可以自我奖励，比如送给自己一本喜欢的图书。

（4）不要自欺欺人

“这是小亮借给我的武侠书，不然我不会看的。”“这是最后一次，以后我再也不看了。”……诸如此类的种种借口，都是纵容自己的说辞，一定要杜绝这种情况。

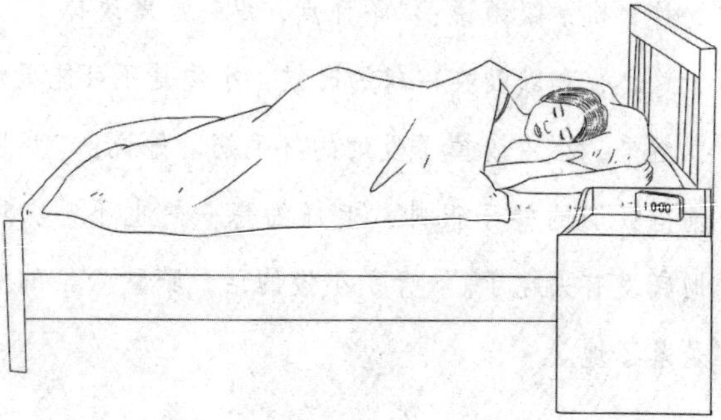

爱"面子"，但不爱虚荣

娇娇今天拎着一个世界顶级名牌包，把大家都吓得不轻。

"天啊！你一夜时间变身腰缠万贯的富婆了吗？怎么买得起这样贵的包！"香香大惊失色。

"嘿嘿，"娇娇神秘地一笑，"我和我妈在逛街，正好赶上商场打折，只剩最后一个了，好不容易才抢到手。"

"你的运气真好啊！"香香由衷地赞叹，然后问她，"娇娇，虽然是打折的，可是也不便宜吧？"

"可不是！在我妈那里软磨硬泡了好久才拿下的。"娇娇说道。

娇娇现在就花这么多钱买一个包，并没有多大的意义。她还是学生，这么贵的包平时能用得上几回呢？而且她还没有开始赚钱，凭什么要求父母给自己买这么贵的包呢？

回到家，香香和妈妈在聊天时提起了这件事。妈妈说：“无论身上穿着的衣物还是用来点缀的配饰，选择的时候首先要注意是否同自身气质相配，是否跟自己的经济能力相称，这东西是贵还是便宜倒排在后面了。倘若自己明明负担不起奢侈品，但是却要买一个这么贵的包，跟自己的身份气质完全不搭调，即使拥有了，在别人看来也会有一种很奇怪的感觉。”香香觉得妈妈说的确实没错。

“妈妈，我明白了。我要做一个脚踏实地的人，不爱慕虚荣。”香香向妈妈说到。

青春寄语

倘若要克服虚荣心，可以按下面的方法来做：

(1)学会自尊自爱

万万不能因为一己私欲，挖空心思用不好的方法达到个人目的。只有做到了自尊与自重，才可能在这个纷乱的世界里保持自身的纯洁。

(2)拥有崇高的理想

做人必须追求内心真实的美，而不能追逐虚无缥缈的名利。不少人虽然身份普通，但是却可以做一些轰轰烈烈的事，这正因为他们有自己的理想并切实地把理想落到了实处，并且能够量力而行。换句话说，就是他们能正确评价自己，不仅认识到自己的长处，也认识到自己仍有需要改进之处，从而努力缩小自己同目标之间的距离。

(3)用中立的眼光对待他人的评论

虽然虚荣心跟自尊心息息相关，自尊心又与他人的评论密切相关，但是外界的评论不应成为摧毁自己的武器和阻挡自己向前的障碍。 要坚守原本的理想，认准一个方向一路向前，只有这样，才可以免受虚荣心的影响，让自己的生活更加美好。

让劳动成为一种习惯

暑假结束了，小丽的妈妈终于长长地松了一口气，可熬过来了，孩子终于开学了！暑假期间，15岁的小丽在家懒懒散散，不是睡懒觉，就是看电视、玩电脑，什么家务活也不干，午饭还得让妈妈操心。

其实，之所以出现这样的情况，小丽的妈妈也有不可推卸的责任。因为从小，小丽妈妈就什么都不让她做。在小丽两三岁的时候，她爷爷、奶奶、姥姥、姥爷就轮流来照看她。吃饭有人喂，衣服有人洗，小丽什么都不用干。有时候，小丽看到大人做事，也会抢着去做，比如看到妈妈洗衣服，她也想自己洗袜子，看到奶奶扫地，她也想扫一下。可是，她的举动常被大人阻止。次数多了，小丽也就懒得去做了。有时候，她在看电视，妈妈扫地扫到她旁边，她连脚都懒得抬一下。有时候妈妈让她拿个什么东西，即使就在手边，她也会让妈妈自己拿。对此，妈妈无可奈何，只得抱怨养了一个这么懒的女儿。

露丝今年15岁，个头却有1.7米。她从小就与爸爸妈妈移居到中国，干家务活对她来说简直就是小菜一碟。假期里，露丝除了每天自己打扫房间，帮助妈妈买菜、洗菜、洗碗外，有些不宜用洗衣机洗的衣服，露丝也会主动帮妈妈用手洗。对于干家务，露丝从来没有抱怨过，而且经常是主动地去做。只要有时间，露丝就不让妈妈一个人在家里忙碌。

而这一切应归功于妈妈从小对她的培养。

在露丝上幼儿园的时候，妈妈把她接回家后的第一件事就是和她一起洗手绢。上小学后，妈妈又开始教露丝洗袜子，让她自己收拾每天的作业本、文具盒、书包。

上小学二年级的时候，妈妈就对露丝提出了周末学洗碗的要求，当露丝学会洗碗以后，每天晚饭后都是由她洗碗。刚开始的时候，露丝袜子洗不干净，妈妈就等她睡觉后再重新洗一遍；露丝收拾好的书包，妈妈会当着她的面再检查一遍，看看有没有遗漏什么东西，如果有的话，就让她重新收拾一次。

如今，露丝已经上初中二年级了，尽管初中的功课比小学紧张了很多，但她仍坚持晚饭后洗碗。露丝洗碗的时候妈妈收拾厨房，妈妈一边做家务一边听露丝讲着学校里发生的大大小小的事情，真是一幅其乐融融的幸福画面。

对露丝而言，做家务已经成为一种习惯。所以，她从来没把做家务当成一种负担，反而把做家务当成了紧张学习之余的一种调剂。

青春寄语

做家务是一种技能，并且是生活中必备的一种技能。生活中，具有这种技能的人往往比较从容、轻松，而那些不具备这种技能的人常常会手忙脚乱，即使是日常生活中的一些小事，对她们来说也是沉重的负担。为此，要积极锻炼这方面的能力。

(1)要有劳动光荣的思想

女孩应该明白，劳动作为谋生的一个必要条件，是光荣的。不管是谁，要生存，就必须劳动，没有人可以不劳而获。

(2)要向家长学习

要向家长学习如何进行日常生活中的家庭劳动，并经常和家长一起动手打理家务。

(3)多参与劳动锻炼

不要过分依赖父母，自己能做的事尽量自己去做，每周至少劳动一次。另外，应该多参加公益劳动。当然，最好量力而为，否则效果往往适得其反。

PART 8

提升内涵，内秀的女孩最有魅力

读书带来快乐

“柯南将那本古老的书籍打开，从第一个故事一直看下去，忽然，他觉得有个人在和他的内心说话，那便是一年以前的工藤新一……”

子若在家里看柯南的动画片，动画片已经播放了整整一个下午。

子若没有挪开过半步，一直都在聚精会神地盯着电视。

妈妈此时走了过来，一边轻拍着她的头一边说：“子若，你看看表，现在都几点了！”

“不要吵，不要吵。”子若整个人都沉浸在剧情中了，完全不在乎妈妈的叮嘱，“等会儿啊，再有一会儿就完了。”

最后一集总算播完了，子若将光盘收好，将电视机关上，走出客厅。

“子若啊，妈妈并不是不想让你看电视，劳逸结合的确是正确的。但是你看看，从中午到晚上你除了看动画片还干什么了？你不觉得这是在荒废时间吗？书买了那么多，全部放在那里，上面都盖了一层土了。子若啊，读会儿书就这么不情愿吗？”

书远远没有电视那么让人喜欢，这是真的。子若完全知道读书的好处，就是对读书不感兴趣。妈妈非常喜欢读书，她能捧着一本自己喜欢的书，一动不动地一看就是半天。她总是说能够感受到书里面的乐趣，那为什么子若就一点都感觉不到呢？

可能妈妈说得很对吧，将宝贵的时间荒废掉的确不好。子若决定以后多花些时间在读书上。

青春寄语

也许读书的确占用了享受悠闲的时间，但是也满足了我们求知的欲望。求知可以让人感到快乐，如果有那么多的谜团得不到解答，时间久了，就像用一块黑布将自己的眼睛盖住，那么能得到的快乐将会越来越少。

孙中山先生曾经说过，他这一生的爱好，除了革命以外，就是特别喜欢读书，一天不读书，就觉得无法生活。为了买书他从不吝惜钱财，书是他永远的好朋友。读书是一件让他痴迷，并能给他带来快乐的事情。让我们都带着一双慧眼和一份开心去找寻读书的乐趣吧。

妈妈列的读书单

假期伊始，萌萌和同学共同商量着假期的美好计划。

“这个假期，我可能没办法跟你们玩了。”花花特别遗憾地说道，“妈妈给我买了好多的练习题，早早就给我制订了假期任务。哎呀，这样的假期还不如不要呢。”

媛媛高兴地接着说：“我听同学说凡尔纳的科幻小说写得特别好，我将《八十天环游地球》《海底两万里》《格兰特船长的儿女》三本书都买了，我能用几天的时间看完。除此之外，据说他还写了好多特别精彩的小说，比如《地心游记》《神秘岛》等。总而言之，全都值得看。”

“对啊，”小敏忽然记起来了，“老师不是已经给我们留了一项假期任务吗？大家都要写一篇读后感，题目要自己写。我也要找几本自己爱看又好写读后感的书。”

听着大家的你一言我一语，萌萌也希望找几本书看。可是她平常并不怎么喜欢看书，所以一时拿不定主意该看什么书，总不能背字典吧！

回家以后，萌萌和妈妈说道：“妈妈，这个假期我想看几本好书，您能不能给我推荐几本？”

妈妈惊讶地看着萌萌，觉得就像小行星碰撞了地球，高兴地说：“萌萌竟然主动提出看书了，太不可思议了。可以啊，跟妈妈说说，你想看关于哪方面的书啊？”

萌萌不好意思地挠着头说：“我不知道有什么书可以看，所以才想让您给我推荐。我希望多看一些能培养女孩阅读品位的书，最好是一些经典名著。”

“让我想一下啊。”妈妈仔细想了一下，然后对萌萌说：“萌萌，妈妈已经替你想好了几本不错的书，晚上我就把列出的书目单给你，好不好啊？”

“啊，你真是我的好妈妈！”萌萌开心地抱着妈妈欢呼着。

青春寄语

经典的著作就像是好朋友和好老师。打开它们，进入到多姿多彩的世界中去，心灵将会得到最大限度的滋润。

书籍是女孩子最佳的化妆品，是优秀女孩精神上的依靠。书籍就如同一把金钥匙，帮助女孩开阔视野、充实大脑、丰富阅历、净化灵魂。书籍会令女孩变得更加聪明、坚强和智慧。让女孩懂得外表的修饰固然重要，但更重要的是让她们的心灵得到净化和滋润。

书法里的玄机

一次，老师在上课时为大家展示了书法的演示文稿，文霞在下面说了一句“那是启功的字”。老师说道：“文霞说得很正确。”给了文霞称赞之后，老师还给了她更多的微笑。

那节课结束后，老师走到文霞身边，问她：“文霞，你是怎么知道的呢，那些字有怎样的特点呢？”

文霞说：“我只是很喜欢这个人而已，看他的字比较多，所以看一眼便能够认出来。但是关于他的字是怎样的，哪里特别，我其实一点都不知道。”

“呵呵，”老师笑了笑，说：“你是不是喜欢他的字？”

“嗯，”文霞使劲地点点头，“也许书法有一种能量，可以看出人的品性吧，我认为他的字和他的气场很相符，给人一种既温柔又很阳刚的感觉，可能这就是柔中带刚吧。启功有着一身的傲骨。他曾经说过，他最不能忍受的便是傲气，但是不能没有的是傲骨。这便是我喜欢他和他书法的原因。”

老师听到了文霞对于启功的见解，很是欣喜：“文霞，其实你现在已经在鉴赏一幅作品了，只不过你自己没有察觉而已。启功的字，看似绵软无力，其实不然，内在强劲，里面包含着很深的功力。不仅如此，启功的人品也被人认可，所以他被视为书法界泰斗，闻名遐迩。”

青春寄语

在赏读好的书法作品时，最好能够说出它好在哪里。下面介绍一些小常识，这样就可以试着自己去鉴赏了。

（1）要欣赏书法的点、画、线条

书法中的点和线条都具有非常强的表现力，它们十分抽象，能够把所有的美包括在里面。当赏读书法作品的时候，要着重欣赏其线条的力量感、节奏感和立体感。

（2）看书法的结构，尤其是空间上的结构

书法的点、画、线条是在遵循汉字字形和笔顺原则的基础上交错完成的，它们划分了空间，构成了书法的艺术形态，包括单个字段的集合体、整行的风格和整体的布局三个部分。要从这三个部分看书法的结构。

（3）欣赏书法的神采意韵

书法中所说的神采是点、画、线条及其组合中渗透出来的精神、格调、气度、趣味和意境的统称。所谓“神采为上，形质次之，兼之者方可绍于古人”。所以，书法艺术的最高境界在于点、画、线条以及空间搭配的总体协调。

如果希望写出书法的神采，一方面要依靠娴熟的创作技巧，这是前提也是基础；另一方面，唯有做到心灵的恬静，才能写出至情至性之字，将自己的审美和文化修养充分融入其中。

手绘，创意新生活

明天便是妈妈的生日了，悦悦让小伙伴陪自己去挑一件礼物送给妈妈。

到了礼品屋，她们在各种各样的礼物中寻找，却不知道应该送什么。

店主见状，连忙过来问她们：“同学，你们有什么想买的，要给谁呢？”

悦悦对店主说：“我想为妈妈挑一件礼物。”

“哦，”店主思索了一番之后说，“给妈妈的礼物最重要的就是实用性强，最好还能每天都用得上，你想想可以送什么？”

悦悦仔细想了想，不如给妈妈买个杯子好了，这样她天天都能用得上。

“孝敬父母可真是件好事啊。”店主说道，“现在我们有一批彩绘的杯子，纯手工的。不如送给妈妈吧，她会喜欢的。”

悦悦看着手绘的水杯，有些爱不释手的感觉，于是她挑了一个暖色系的送给妈妈。

“妈妈，生日快乐，这是我送给你的礼物。”第二天，悦悦开心地把生日礼物送给了妈妈。

“感谢你啊悦悦，真是个懂事的孩子。”妈妈接过悦悦的礼物，“真漂亮啊。”

“妈，你知道手绘吗？我是昨天买礼物的时候才知道的。”悦悦若有所思地问妈妈。

“是的悦悦，如果你也对手绘感兴趣，可以自己尝试着画一下。如果你想试的话，我陪你去买工具啊。”妈妈说。

“太好了，我也想画一画。”悦悦高兴地回答道。

青春寄语

手绘的全称是手工绘画，通过绘画的形式来表现创意，具有一定的艺术感染力，广泛应用于众多行业。因此，喜欢手绘的女生，可以把才华施展到家具、杯子或者衣物上。至于颜料，就要依据手绘的载体来选择了。

创办一份“家庭画报”

“美娜，这份画报是我自己亲手制作的。”敬澜向美娜炫耀。

“这个是画报吗？”美娜对敬澜的画报仔细端详起来。

“我家有一台新买的打印机，于是我就自己打印出来一份画报。”敬澜得意地向美娜说道。

“我就说你哪来的雅兴呢，”美娜看着敬澜笑着说，“不错不错，还挺高科技呢。”

看着敬澜的画报，美娜也有了制作画报的想法：可以做一些类似的家庭画报，可以将自己做的小工艺品变成一份报纸，可以给小时候玩的布娃娃建立档案，可以将拍摄的全家福剪辑后再装订成册……那还真是有趣呢。

美娜把这个想法告诉了妈妈，妈妈十分赞成女儿的想法。

“美娜，我觉得这个想法很好，这将是你人生的一段宝贵回忆。”妈妈对她说。

“好，我现在要着手做画报了。”

“好。”妈妈摸了摸美娜的头，“美娜越来越有自己的想法了。”

青春寄语

做画报有很多好处。

首先，可以提升家庭内部气氛。由于现代都市生活的快节奏，家长忙着上班，孩子忙着学习，交流的时间很少，除了过年过节外，家庭很少有时间能够聚会。如果自己可以制作一份画报，在上面写一写自己的感想，拿起画笔画出为自己操劳的父母和爷爷奶奶，记录生活中的趣事，对家庭和生活都是有益的。

其次，它能提升女孩的能力。图片能够给人带来更大的冲击力和视觉享受，能激发人们的想象力。与图片相对应的文字需要更加简洁明了，使二者贴合。在采集资料进行整合的过程中既娱乐了自我，也加强了自己的实际操作能力。最重要的一点是，它能够增添女孩的生活情趣，让女孩的精神世界更丰富。

以乐会友，享受一种乐器

受古装剧影响，丽丽迷恋上了横笛。朋友们总能看见她一个人在旁边练习，发出很大的噪声。

“丽丽吹笛的声音可以治疗便秘啊——真是让人憋得不舒服。”一个同学埋怨道。

众人都大笑起来，却没有打扰丽丽。她很喜欢向大家汇报自己的成果。

“我今天得到了一张上好的乐谱，你们快来猜猜是什么？嘿嘿，《彩云追月》。我练好了以后请你们欣赏。”

“我觉得自己的乐感真是越来越好了，今天我凭着自己的音乐天分把《采蘑菇的小姑娘》谱写出来了。”

“你们快看我新买的笔记本，这可是原生纸浆的，我一定要把好多曲子都写在上面。”

多一个爱好是好事儿。丽丽的生活比以前丰富了很多。

青春寄语

一位音乐家曾经说过：“我所见过的优秀的琴童，他们的文化课都不错，是班级里的好学生。”这不是偶然，而是很有科学道理的。艺术相对于其他的学科而言更重视个性，有助于完善人格和开发智力。

等练到了一定的水准，最好参加一些乐器演奏的社团活动。因为在乐队里需要人们相互配合，而现在的独生子女，最缺少的可能就是合作意识和团队精神，所以适当地参加一些活动，可以提高自己的演奏水平和团队合作意识。

PART 9

美丽处方，所有的女孩都爱美

何为时尚

现在珍珠奶茶非常流行，成了都市女孩的时尚饮品。

真真非常喜欢珍珠奶茶，每当发现一种新的口味，都会去尝一下。有一天，大家一起去逛街，真真一直嚷嚷：“好渴啊，好渴啊。一起去喝奶茶吧。”

毛毛反驳说：“据我所知，渴了最好喝水，喝奶茶会越喝越渴。”“哎呀，”真真和毛毛争辩着，“如果你走在路上，手里拿着一个装白水的瓶子，多难看啊。手里拿着一杯奶茶多时尚啊，总之不管怎么说，我要去买奶茶了。”说着她就蹦蹦跳跳地去找奶茶店了。

也许是大家喜欢的口味不一样，有的人喜欢喝口味清淡的花草茶，有的人对汽水情有独钟，而毛毛就比较喜欢白开水。这些在真真看来，大家都还不够时尚，因为大家喝的都不是当下最流行的饮品。其实，真真之前特别爱喝果汁，但是自从追逐潮流开始，她就把买果汁的钱都用来买了奶茶。

真真拿着奶茶十分开心地跑过来和朋友们说：“你们知道吗，奶茶又有新品种了，叫烧仙草，这种奶茶我还是第一次喝。”真真总是随着流行趋势而改变，和流行的步伐一起前进着，在她看来，她的朋友们是一群不知改变的人。

青春寄语

在人们心中，约翰·施特劳斯的《蓝色多瑙河》是时尚的，凡·高的《向日葵》也是时尚的，但并不是每个人都能创造时尚。时尚是长久的，也是有内涵的。现代大多数人眼中的“时尚”，仅是对时尚肤浅的理解。时尚包含着自己的个性，以高贵与典雅的形式出现。

很多女孩亦步亦趋，竭尽全力地追赶时尚的节奏，却错误地成了追逐流行。很多女孩往往错把流行当时尚，一定要学会区分时尚与流行的不同。

不要成为时尚的奴隶

“你们看我今天买的新靴子，怎么样？”青青穿着新靴子高兴地向大家炫耀。

“嗯，青青不论穿什么都很漂亮。”婷婷真心地赞扬着她。

“是啊，今年的潮流就是穿靴子，大家赶快买靴子穿吧。”青青也想让大家跟着一起穿。

听了青青的话，婷婷心里有了想买的冲动，回家后，和妈妈讨论这件事：“妈妈，我可以买双靴子穿穿吗？”

“婷婷，你还是一名学生，休闲鞋或运动鞋才是最适合的，怎么想起来要买靴子穿呢？”妈妈很疑惑婷婷为什么想要买靴子。

“我看见青青穿靴子了，很好看。”

“青青修长的腿穿靴子当然会好看。但是你没有像青青那样修长的腿，也许你穿上效果并不是那么好啊。”妈妈耐心地向她说明。

“哦，原来是这样。可是青青说穿靴子是今年的时尚潮流，好多人都在穿。”婷婷向妈妈解释道。

“婷婷，你要懂得，流行的东西不一定就是最好的，也不一定是最适合你的。再说，只有一双靴子是不够的，还要有与其相匹配的裤子、上衣和外套才可以。而且你现在还在上学，穿靴子去学校，你认为这样会自在吗？”听了妈妈的一番话，婷婷就不想买靴子了。

青春寄语

人被时尚所累是很可悲的。用自己的眼睛观察自己，相信自己具有与众不同之处才是现代女孩首先要考虑的。如果仅仅生活在别人的时尚观念中，那么自己所得到的当然只能是迷茫和盲从。

明智的人会选择做时尚的主人而不是奴隶。这样的时尚女孩，才会魅力四射！

这样穿最合适

“喂！你们知道犀利哥吗？”杜杜说。

“犀利哥？”玲玲觉得这个名字好新奇啊，她十分感兴趣，“难道就是那个气质出众、穿得像国际顶级男模的无名乞丐？”

“玲玲，你在说什么啊。什么叫穿得像国际顶级男模的乞丐？乞丐还有穿得像国际顶级男模的？”另一位同学明显搞不清楚状况了。

“嘿嘿，你不知道了吧，事情就是这样的，我看完新闻就在网络上面找到了两张图片。一张是那位犀利哥的，另外一张是国际顶级男模的，一对比，那可不就是一路人嘛。”杜杜兴奋地说。

玲玲盯着照片看了许久，然后说出一句石破天惊的话：“人家常说模特的衣着没办法模仿，搞了半天乞丐穿着才像啊……”

大家哈哈大笑。

听了这件事，也许大家有这样的问题：什么样的穿着才是最合适的呢？ 难道不论什么人都要追赶模特的时尚潮流或者模仿光鲜亮丽的影视明星吗？

答案是否定的，普通人这么穿极有可能会闹出笑话来。

着装得体主要表现为穿对季节、穿对场合。 学生们通常是在家里和学校生活，很少出去社交，因此休闲服是最好的选择。

要有自己的风格

“涵涵啊，你发现没有，我应该改一下长久以来的穿衣风格了。”闹闹又开始新一轮的折腾了。

“你现在是什么风格啊?”涵涵有些不知所云。

“当然是古典的美女啊，你没发现吗?”闹闹一边娇嗔地说一边扭着腰，还夸张地用食指在眉间滑动，“柳叶眉，水蛇腰——岂不正是我呀?”

“哪有腰啊? 恕我眼拙，真的没发现。”涵涵仔细打量了一番之后，说出了一句令闹闹大失所望的话。

“嗨，涵涵同学！我抗打击的能力还是很强的！别想打倒我!”闹闹叫起来，“自己没有腰别以为别人也没有行不行?”

“那你想转变成什么样的风格啊?”涵涵见闹闹费劲地扭腰，情不自禁地又补了一句。

“潮流少女型，你觉得怎么样?”

一个一直在旁边听她们聊天的同学再也忍不住了，

哈哈大笑着说："谨防自己变成街头的小太妹啊……"

"哈哈哈……"大家都大笑起来。

青春寄语

一般来讲，穿衣风格与女孩的性格息息相关。性格的特点决定着一个人将会在别人面前呈现出什么样的穿衣风格。无论什么风格，只有最适合自己的才是最好的。

找到属于自己的时尚

凡凡和妈妈一起去商场购物，凡凡看上一件呢子大衣，很想买。

“妈妈，今年粉色的衣服特别受欢迎，您也给我买一件吧。”凡凡抓着妈妈的衣角，恳求着妈妈。

“孩子，关于衣服的搭配，妈妈可以给你一些小建议吗？”

“当然可以啊。”

“冬天我们才会穿大衣，你若是买一件浅粉色的，那用不了多久就会穿脏的，冬季最适合的颜色应该是深色系的，不容易脏。另外，在寒冬中深色的衣物会吸收更多的阳光，穿在身上会令人更暖和。”妈妈很有耐心地对凡凡说，“若是你真的特别喜欢浅粉色的衣服，可等春天的时候买一件浅粉色的风衣，色彩鲜艳，与春天万物复苏的感觉和谐相应，你认为怎么样？”

听了妈妈的话以后，凡凡觉得太对了：“好啊，妈妈，我听你的。”

又一件大衣映入凡凡眼帘，她拉妈妈说：“妈妈，我不要粉色的大衣了，您帮我参考一下，这件是不是也非常好看啊？”

妈妈看了一眼，对凡凡说：“确实很漂亮，可是这件衣服属于流行款式，用不了多久就会过时的。”

凡凡感到很疑惑：“什么原因呢？”

妈妈微笑着说：“你仔细想一下，质地厚实的大衣和轻巧的蕾丝花边怎么可能相配呢？它们的风格不同，若不是当下的流行款，怎么可能将它们设计在一起呢？因此，这种衣服一旦过季，再穿出去就会让人觉得过时。”

妈妈的这一番见解让凡凡有所顿悟，并且被妈妈的审美水平折服。最终，在妈妈的建议下，凡凡选了一件格子大衣。

青春寄语

俗话说得好，穿再华丽的衣服也不一定能够比得上从骨子里透出的美丽；穿再朴实的衣服也不一定会将一个人的美丽遮掩住。著名京剧表演艺术家云燕铭曾对自己的穿衣搭配做过精妙的总结：“我并不想变成时髦的追随者，就是因为这样，外界人很少干扰到我，全是我自己投入内心的感情，依据自身的特征，用心地设计。我将我自己的愿望和喜爱全部都寄托在衣服里面，使服装充分展现出它自身的魅力与我的性格。”

PART 10

自我保护，没有人能伤害你

正确应对陌生人的搭话

一次，瑶瑶和好朋友从游乐园出来，准备坐公交车回家。

在车里，瑶瑶发现有一个大男生总是偷偷地往她这边看，让她觉得特别不舒服。车到站了，瑶瑶她们下车往回家的方向走，突然，那个大男孩从后面跑上来拦住了她。

“你好，我是付伟，可以把你的联系方式给我吗?”那个男孩说。

瑶瑶愣了一下，有些不知所措，但还是说：“我们又不认识，我为什么要把我的联系方式给你?”

“你给我之后就知道了，你给我就行。”那个男孩还是不肯放弃。

此时，瑶瑶的朋友们都觉得应该帮帮瑶瑶，她们立刻担起了为瑶瑶护驾的责任：“你怎么这样啊？烦不烦？我们根本不认识，凭什么给你联系方式？你赶紧走，否则我们就报警了，这么多人，你肯定跑不了。”

但是，那个大男孩却完全不理会她们的话，自顾自地对瑶瑶说：“你只要把你的联系方式给我就好了。”

瑶瑶一时也不知道该怎么办，所以并没有理会那个大男孩。但是那个大男孩还是不依不饶。

瑶瑶最终也急了，突然大声喊道：“你这人烦不烦？给我让开！”

那个大男孩终于识相地走开了。

青春寄语

如果女孩外出时遇到素不相识的人（即使是同性）跟自己搭话，都不能理会，更不能表现出热情。如果对方编各种理由提出带女孩离开，女孩一定要有警戒心，不能跟对方走。如果对方依然不依不饶，女孩可以向朋友或警察求助。

网络爱情，拜拜

“花花，你怎么一副精神恍惚的样子，又没好好听讲吧？”老师今天终于忍不住在全班同学的面前说了花花。

这几天花花确实有点不太对劲，好像突然就变得温柔了，但是又有些心不在焉的样子。

原来花花在网上交友，她的网友叫“一水隔天”。

“花花，你不会又在想那个‘一水隔天’了吧？”紫兰十分关心花花，一下课就跑过来，想问问是怎么回事。

“紫兰，你看。”花花小心翼翼地打开了一个精美的小本子，上面都是“一水隔天”写给她的甜言蜜语：

“如果你是挂在广阔天空中的一轮月，我就是小星星一直陪在你的身边。”

“你一定不知道我时刻在想你……”

“紫兰，我想见他，你觉得好吗？”花花向紫兰询问道。

“绝对不行，你们很熟吗？”紫兰质问花花，毕竟是当局者迷，旁观者清。

"怎么会不熟呢？你都不知道情况，我们每天都会聊好几个小时。"

难怪花花最近成绩下滑得这么厉害。

无论紫兰什么态度，花花还是决定和"一水隔天"见面了，并且想把他介绍给自己的朋友。

一天，紫兰和花花在回家的路上碰巧看到了"一水隔天"。

"花花，你快看那儿！就那儿！"花花朝着紫兰手指的方向看去，竟然是那个"一水隔天"跟别的女孩在一块儿。

"啊！"花花顿时就傻了，伤心地哭了起来。

青春寄语

处于青春期的女孩切忌陷入网恋的旋涡中。女孩们要对网友有正确的认知，不要让他们进入自己的现实生活之中，并且要注意保护自己的隐私及人身安全。平日里，也要积极和身边的亲人朋友沟通，体会来自现实生活中的温暖和关爱。

不随意去别人家

璇璇最近成绩下滑，妈妈请了一个大学生家教，帮助璇璇解决功课上的难题。

“璇璇，你一定要认真努力地学习，有不会的问题要问大姐姐，这样才能取得进步。”妈妈耐心地教导璇璇。

璇璇心里很不是滋味，没想到自己竟然在课下还要补习，妈妈为了自己也是费尽了苦心。

那个大姐姐对璇璇特别好，并且成绩优异，好像没有什么问题能难倒她。除了帮助璇璇解决功课上的难题，她还告诉了璇璇一些特别好用的学习窍门儿。

随着相处时间的增加，璇璇越来越喜欢这位大姐姐。

“璇璇，有时间可以来姐姐家里玩。”大姐姐对璇璇也很热情。

璇璇心想，姐姐家在偏远的农村，会有什么好玩儿的呢？

“嗯……好的，有时间我就去。”璇璇委婉地拒绝了。

当那个大姐姐走了之后，璇璇告诉了妈妈这件事情。妈妈说：“璇璇，其实我们和大姐姐也不是很熟，如果我们贸然去她家，可能会扰乱她家的正常生活。”

璇璇觉得妈妈说得很对：“妈妈说得是，其实我本来也不想去的。”

“璇璇，妈妈还希望你记住，以后要是再遇到类似的状况，无论是出于礼貌，还是从安全考虑，最好的方法就是拒绝，知道吗？”妈妈语重心长地说。

“嗯。”璇璇表示自己记住了。

青春寄语

从安全的角度考虑，下面所说的 4 种人家里是不能去的：

(1) 不认识的人。

(2) 刚刚认识的人。

(3) 品行不端正的人。

(4) 曾经有过案底，并且现在表现仍然不好的人。

擦亮眼睛防诡计

罗莉约雪松去一家高级球馆打球，雪松高兴地邀请其他伙伴：“罗莉今天约咱们一起去打球，你们要是没什么事的话，都一块去吧。”

“嗯……我还有一些作业没有写完。”小丽为难地说。

“嗯……我和妈妈要去博物馆，票都已经买好了。”涛涛也说出了理由。

“嗯……我很久没去看我爷爷了，他已经等我很久了。”琼琼也表示不想去。

每个人都说出了理由来拒绝她。

雪松明显有点儿不高兴了：“你们为什么总要躲开我的朋友？她哪里不讨人喜欢了？哼，我这个朋友这么有面子，别人都嫉妒我呢。你们爱去不去，我自己去。”

“雪松，我们并不是对你的朋友有意见。可是你想过没有，即使你们的关系再近，球馆的价格可是十分昂贵的，你也没有经济来源，让好朋友破费，怎么好意思呢？而且我劝你也不要去了，你和朋友说明白，把原因告诉她，她肯定不会生气的。”

“我怎么就不能去呢？真没关系，那个店是她的朋友的，所以我们可以免费打球，你们不用顾虑这个。”雪松有点儿没有耐心了，“一起去打球是多好的事儿啊，还能长长见识。你们不去就算了。”

雪松不顾大家的劝说，还是去了。

等到下午，朋友们突然接到了雪松的电话：“你们赶紧来救我，我被人骗了。”

原来，罗莉根本就是骗人的。她约雪松到了一处很高级的球馆，正玩得高兴的时候说要接个电话，最后只剩下雪松一个人了……

雪松去结账的时候，发现竟然要800元！

由于雪松没钱，球馆只好扣下她，让她叫人来付钱。

“还好我们没和她一起去，要不然我们也得花上一大笔。”

“我们赶快给雪松的家长打电话，再过去找雪松。”朋友们很担心雪松，所以很快通知了她的家长。雪松这下知道谁是自己真正的朋友了。

青春寄语

社会并不像女孩想象的那么简单，首先人际关系就很复杂，好人和坏人同时存在。假如遇到坏人，就要敬而远之。可是坏人也不是一眼就可以识破的，所以女孩在人际交往中一定要小心谨慎，具备一定的辨别是非的能力，避免受骗，尤其不能因为一点小利益就放松警惕。

好像有人跟踪我

秋荷独自走在路上，总是感觉后面有人在跟踪她。秋荷回头三次都看到同一个人。那个人干吗要跟踪自己呢？难道是坏人？

秋荷的大脑飞快地思索着，打算把他甩开，就跑进一家小卖部假装买东西，而他也跟着秋荷进了小卖部。等到那个人进去，秋荷就赶紧跑了出来，而他也跟着秋荷出来了。

秋荷的心里开始有点害怕了，怎么办？怎么办？身边也没有认识的人啊！

这时，秋荷发现路边有一个卖瓷器的小摊，她有了个点子！

秋荷快速走过去拿起一个大瓷瓶子，然后故意扔到地上，瓶子碎了。

摊主看到自己的瓶子被摔坏了，赶紧跑了过来："你这孩子把我的东西摔了，你要赔给我。"

"为什么要我赔啊？我也不是成心的呀。这个破瓷罐子，也值不了多少钱。您就别跟我计较了。”秋荷故意大声地说。

摊主一看秋荷这种反应，跟她急了：“我说你这孩子，怎么不讲道理呢。本来就是你把我的东西摔坏了，难道不应该赔吗？敢跟我找人评理吗？”

“行啊，我还怕你啊！”秋荷与那人继续争吵，还嚷着要去公安局。

秋荷一边吵吵嚷嚷着，一边看那个跟踪她的人，那个人已经离开了。

她终于松了口气，马上对摊主解释道：“真是不好意思，回家的时候，我发现总有一个人在跟踪我，我跑不开，实在没有办法才故意摔坏您的东西。刚刚我看到他走了，多少钱，我把钱赔给您。”

摊主了解到了事情的来龙去脉，也就原谅了秋荷：“是这样啊。小同学，以后外出一定要多小心啊。”

就这样，秋荷顺利地甩掉了跟踪她的人。

青春寄语

当独自一人走路时，一定要保持警惕，仔细观察有没有人总是跟着自己或总是在自己附近出现，要有防备措施。当快要进入单元门口时，不要马上开门，应该仔细观察有无可疑之人尾随。如果发现情况不对，就要往人多的地方走，或者向邻居求救。进入单元门后，如果发现走廊有举动和神色可疑的人，也不要回家，要走出单元门，向小区的值班人员告知情况。另外，还要打电话把情况向父母说明，以防万一。

看管好自己的东西

今天，馨馨和媛媛出去玩，谁也没想到遇上了惊险的一幕。

两个人在公交车上有说有笑，但是有只手伸进了媛媛的包里。这一切都被馨馨看到了，可是媛媛却没有感觉，依然笑着和馨馨说话。

馨馨着急地跟媛媛使眼色，但是媛媛并没有注意，继续讲那个她感觉很好笑的故事。

怎么就反应不过来呢？馨馨有些着急地把媛媛拉到一边：“媛媛，上这边儿来。”但是媛媛却没有理解到馨馨的意思，依旧讲她的故事。

“媛媛，看看你的包……”馨馨没有办法，面对这个反应迟钝的伙伴，她只能直接说出来了。要是再不说破的话，没准媛媛包里的东西就要被人顺走了。

媛媛马上回头看，一看吓一跳，钱包已经快被那个人拿出来了。媛媛气得声音发抖：“你……”

“你什么你，有病啊你。”那个人眼看没有偷到东西，竟然理直气壮地把媛媛训了一通……

青春寄语

女孩外出的时候，一定要小心身上的贵重物品。假如是把财物放在包中，应做到包不离身，不随处乱放。骑自行车出门时，应将包背在身上。如果实在要放在车筐里，也要把包带绕在车把上。

做自己的守护神

因为早上妈妈和蓓蓓说好了，下班来接她，所以蓓蓓正在等妈妈。

没过多久，同学都快走光了，原本热热闹闹的校园一下子冷清了许多。蓓蓓不免有些焦急："妈妈怎么还不来呢？"

过了一会儿，一个骑自行车的阿姨朝蓓蓓走过来，并对蓓蓓说："你家里人有事儿脱不开身，让我来接你回家。"

蓓蓓并没有听信这个阿姨的话，并且心里觉得有点不对劲，她问道："我的爸爸妈妈都去哪儿了？"

"他们现在正在医院呢，让我直接带你去医院。"阿姨煞有介事地对蓓蓓说。

听她这样说，蓓蓓很疑惑，爸爸妈妈怎么会突然出事呢？自己面前的这位阿姨会不会是个骗子？

蓓蓓继续问她："那你说说我叫什么名字？"

“你是……”阿姨顿了顿，“因为你爸爸妈妈都在医院里，他们比较忙，忘了告诉我你叫什么。你乖乖的，赶紧跟阿姨走吧。”

“不要，我妈妈说她会来接我的，我才不会跟你走!”蓓蓓使劲儿大声说道。

这个阿姨立刻对蓓蓓说：“你喊什么，赶紧给我上车!”边说边准备拽蓓蓓上车。

这个时候蓓蓓已经意识到她就是一个骗子，还可能是人贩子！于是蓓蓓大声呼叫：“我根本就不认识你，你到底想干什么？我不会跟你走的!”

正在此时，蓓蓓看到妈妈正朝她走来，还喊着蓓蓓的名字。

“啊，妈妈来了。”蓓蓓高兴地向妈妈跑去，而那个阿姨，早已经不知去向了。

青春寄语

如果意识到自己被拐骗后，应该记住行走的路线和罪犯的相貌特征，一定不要慌张，不要乱跑。当遇到警察、军人路过或者经过人群时，应当马上大声呼救，以获得大家的帮助。要在途中寻找逃跑的机会，如果可以的话，写一些字条留在人多的地方，把自己的姓名、家人电话等信息留下，告诉别人自己被拐骗以及现在在哪里，拜托看见字条的人报警。